这样学交规

驾照 不扣分

庞永华 ◎ 编著

第二版

U0314479

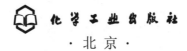

化学工业出版社

·北京·

内容简介

本书以《道路交通安全违法行为记分管理办法》（2022年4月1日起施行）和《机动车驾驶证申领和使用规定》（2022年4月1日起施行）以及《机动车登记规定》（2022年5月1日起施行）为基础，结合分析2022年4月1日后交通违法的真实案例，一一解读扣分细则，以及防止被扣分的安全文明驾驶技巧。本书文字简洁，内容新颖，通俗易懂，细致入微，实用性强。

本书是汽车驾驶人提高安全文明驾驶技巧和防止被扣分的良师益友，也可供汽车驾驶培训学校组织日常教学，以及准备参加科目一考试的驾校学员参考使用。

图书在版编目（ＣＩＰ）数据

这样学交规　驾照不扣分 / 庞永华编著. -- 2版
-- 北京：化学工业出版社，2022.10
　ISBN 978-7-122-41893-7

　Ⅰ. ①这… Ⅱ. ①庞… Ⅲ. ①机动车-交通运输管理
-法规-中国-学习参考资料 Ⅳ. ①D922.144

中国版本图书馆CIP数据核字（2022）第130723号

责任编辑：黄　滢　　　　　　　　装帧设计：数字城堡
责任校对：宋　玮

出版发行：化学工业出版社（北京市东城区青年湖南街13号　邮政编码100011）
印　　装：高教社（天津）印务有限公司
710mm×1000mm　1/16　印张11$\frac{1}{2}$　字数200千字　2023年1月北京第2版第1次印刷

购书咨询：010-64518888　　　　　售后服务：010-64518899
网　　址：http://www.cip.com.cn
凡购买本书，如有缺损质量问题，本社销售中心负责调换。

定　　价：69.80元

前　言

PREFACE

　　《这样学交规　驾照不扣分》一书自 2018 年 8 月出版以来，得到了广大读者的广泛欢迎和一致好评。该书出版至今，交规内容更新较多，尤其是 2022 年 4 月 1 日起，《道路交通安全违法行为记分管理办法》正式施行。新办法坚持宽严相济、强化教育引导的原则，对我国现行交通安全违法行为记分管理制度进行了系统调整。新的记分办法中，一次记 12 分的违法行为 7 类，一次记 9 分的违法行为 7 类，一次记 6 分的违法行为 11 类，一次记 3 分的违法行为 15 类，一次记 1 分的违法行为 10 类。

　　新的记分办法，充分结合了交通运营实际，删减了过于严苛的条例，增补了当前形势下需要添加的条例，增强了民众驾驶机动车的信心和底气，还让主动参与学习教育、自觉遵纪守法的驾驶人减少了可能因为记分达到满分不能驾驶机动车而带来的不便。

　　与此同时，随着新记分办法的施行，各种误读也开始沸沸扬扬，比如"超速 20% 以内不处罚"等，这样的误读带偏了很多驾驶人。

有鉴于此，为了让广大机动车驾驶人真正了解新的记分规定，避免被带入各种误区，我们以《道路交通安全违法行为记分管理办法》（2022年4月1日起施行）和《机动车驾驶证申领和使用规定》（2022年4月1日起施行）以及《机动车登记规定》（2022年5月1日起施行）为基础，对《这样学交规 驾照不扣分》一书进行了全面修订和改版，适时推出第二版。

第二版结合分析2022年4月1日后交通违法的真实案例，一一解读扣分细则，以及防止被扣分的安全文明驾驶技巧（限于篇幅，对于危险驾驶行为情节严重构成犯罪的，其处罚措施本书未做详细介绍，感兴趣的读者可参阅相关文献）。全书文字简洁，内容新颖，通俗易懂，细致入微，实用性强，是汽车驾驶人提高安全文明驾驶技巧和防止被扣分的良师益友。

本书在编写过程中，参考了部分相关资料，在此向相关人员表示衷心的感谢！

由于笔者水平所限，书中难免会有不妥和疏漏之处，恳请广大读者批评指正。

庞永华

目 录

CONTENTS

第一章

一次记12分
的违法行为

1 酒驾

交规规定

饮酒后驾驶机动车的，一次记 12 分。

真实案例

◆ 新婚男实习期内酒驾被查，注销驾驶证

2022 年 4 月 4 日 20 时 24 分，顾某某驾驶一辆牌号为闽 A××××× 的小型汽车在福银高速公路梅溪收费站进口处，交警对他进行酒精呼气测试，结果显示为 30mg/100mL，属于酒后驾驶。经调查发现，顾某某是在 2021 年 7 月初取得的驾驶证，还处在实习期内，因为被一次性记满 12 分，所以他的驾驶证将被依法注销。顾某某大呼后悔！原来，他和新婚妻子回娘家，高兴之余就喝了一点酒，然后侥幸驾车回家，结果刚到高速公路路口就被交警查获。

◉ 隔夜酒后驾车被查，驾驶人被罚 1000 元记、12 分并暂扣 6 个月驾驶证 ◉

2022 年 5 月 11 日 14 时 24 分，某交通大队在土左旗 X022 线由南向北 18km 处设卡检查时，一辆牌号为蒙 A×××Z 的小型轿车驾驶人王某某的酒精检测结果显示为 32mg/100mL，属于酒后驾驶。王某某解释说，他前一天和朋友聚会时一直喝到晚上 10 点左右，一觉睡到中午，吃了碗面后感觉神清气爽，于是就开车前往呼和浩特市，结果没想到第二天中午了还能检测成酒驾。根据规定，交警依法对王某某处以罚款 1000 元、记 12 分并暂扣驾驶证 6 个月的处罚。

◉ 糊涂情侣醉驾被查，涉嫌危险驾驶罪被一起追究刑事责任 ◉

2022 年 4 月 1 日晚，某高速交警支队在收费站执勤时，发现一辆白色小车驾驶人看到交警后就立即放慢车速，并掉头准备驶离。交警立即上前将其拦停检查，发现驾驶人陈某浑身酒气，经酒精呼气检测，结果显示为 103mg/100mL，涉嫌醉驾。陈某为了逃避处罚，就拉着交警到一边说悄悄话，被拒绝后又从钱包里拿出现金，说只要放过他就马上给每位交警 1 万元，交警严词拒绝。后来，经过抽血检测，陈某血液中酒精含量为 120.21mg/100mL，确属醉驾。经查，陈某和女友当晚与朋友一起吃饭喝酒，喝到深夜后就抱着侥幸心理驾驶女友郭某的机动车上路。陈某醉酒后驾驶机动车，已经涉嫌危险驾驶，郭某明知陈某喝了酒还把机动车交给他驾驶，涉嫌构成危险驾驶罪共同犯罪，也将被依法追究刑事责任。

◉ "老司机"二次酒驾，人被拘留，证被吊销 ◉

2022 年 5 月 16 日晚，某交警支队组织警力在辖区开展夜查酒驾、醉驾等严重交通违法行为专项整治行动。执勤交警在对过往车辆的驾驶人逐一进行酒精呼气测试时，发现一辆牌号为琼 F111×× 的普通二轮摩托车驾驶人罗某的检测结果为 65mg/100mL，属于酒驾。交警使用公安系统进行信息比对发现，罗某曾在 2021 年 1 月 30 日因酒驾被查，其所持有的 A2 驾驶证被降级。第一次因酒驾被查后，罗某非但没有吸取教训，反而在拿回驾驶证后再次酒后驾车。根据规定，交警依法对罗某饮酒驾车被罚再次饮酒驾驶机动车的违法行为处以罚款 2000 元、行政拘留 5 日、吊销驾驶证的处罚。

案·例·解·读

● 什么是酒驾？

酒驾就是驾驶人饮酒后驾驶机动车的行为。

● 酒驾的界定标准是什么？

酒驾分饮酒后驾驶和醉酒驾驶。饮酒后驾驶为驾驶人血液中酒精含量大于或等于 20mg/100mL，小于 80mg/100mL；醉酒驾驶为驾驶人血液中酒精含量大于或等于 80mg/100mL。

● 酒驾为什么容易引发事故？

❶ 驾驶人饮酒会影响中枢神经系统，导致视觉模糊、判断失误、反应不当，对安全行车是非常有害的。

❷ 当血液中的酒精含量大于或等于 0.1% 时，酒精对驾驶行为的影响，包括发现道路标志的时间差，对速度、距离、信号等和车辆标志的错误判断，以及反应能力下降，大脑反应开始迟钝，头脑昏沉，神志不清，眼花缭乱，精神疲乏，失去自控力。

❸ 驾驶人饮酒会影响中枢神经系统，导致注意力、记忆力、判断能力下降，极易发生交通事故。饮酒过量会严重影响行车安全，后果是极其危险的。

● 酒驾被吊销驾驶证后还能申请吗？

❶ 饮酒后驾驶营运机动车，被吊销驾驶证的，5 年内不得重新取得机动车驾驶证。

❷ 醉酒驾驶机动车，被吊销驾驶证的，5 年内不得重新取得机动车驾驶证。

❸ 醉酒驾驶营运机动车，被吊销驾驶证的，10 年内不得重新取得机动车驾驶证；重新取得驾驶证后，不得驾驶营运机动车。

❹ 饮酒后或者醉酒驾驶机动车发生重大交通事故，构成犯罪的，终身不得重新取得机动车驾驶证。

● 什么是"被酒驾"？

驾驶人在有些情况下，明明没有喝酒，但是对着酒精测试仪吹气的结果却显示喝了酒，这种情况称为"被酒驾"。

● 可能造成"被酒驾"的成因是什么？

❶ 藿香正气水：因为藿香正气水的成分中含有酒精，所以在服用藿香正气

水之后进行酒精测试，就会出现酒精含量数值。

❷ 口气清新剂：有些口气清新剂中含有酒精，因此提醒各位驾驶人一定要挑选不含酒精的产品使用。

❸ 漱口水：市场上销售的某些品牌漱口水，有的被查出使用后口腔内会含有酒精成分。

❹ 豆腐乳：曾有驾驶人做过试验，吃下一块豆腐乳，在 1min 后使用酒精测试仪竟检测出了酒精含量。

❺ 佛跳墙：佛跳墙、醉虾、啤酒鸭等在制作过程中加酒精的菜肴，吃了后驾车也会被误认为酒驾。

❻ 吃大蒜或吸烟：吃完大蒜或吸烟时进行测试，酒精测试仪也会有反应。但是，这些反应都只是暂时性的，只要被测者用水漱下口，就会恢复正常；而抽烟时只要不是将烟雾直接喷向测试仪，一般也不会有超标数值出现。

● 避免"被酒驾"的措施是什么？

为避免误查，交警会对酒精测试超标的驾驶人，让其休息一会儿再进行测试。而以上这些引起"被酒驾"的物质一般挥发较快，只要再次测试，数值就会明显下降或恢复正常，交警就不会进行处罚了。如果条件允许，驾驶人可以在遭遇"被酒驾"的情况下多喝水，用不了多长时间，数值也会出现明显的下降。此外，如果驾驶人对交警的判罚确实存在异议，可以通过到医院抽血进行血液测试，以便做出更精确的判断。

● 为什么"隔夜酒"也能查出酒驾？

我国认定酒驾标准的起点是，驾驶人的血液中每 100mL 的酒精含量为 20mg。如果排除个人体重、体温、性别、年龄、人体脂肪含量、是否经常饮酒等因素，一般喝 2/5 瓶普通瓶装啤酒，或者半两 50° 左右的白酒，或者二两左右的 12° 红酒，就能达到"饮酒后驾车"标准。特别是喝酒后睡了一宿，并不意味着第二天早晨开车就不会是酒驾了。因此，"隔夜酒"的危害不容小觑，即使自我感觉意识清醒，也会影响驾驶时的应急反应速度、控制力等。

● 为什么借车给醉酒的人也要承担刑事责任？

在司法实践中，危险驾驶的共同犯罪可以分为以下几种情况。

❶ 在饮酒过程中，行为人明知驾驶人必须驾车出行，仍极力劝酒或胁迫、刺激其饮酒，且饮酒后不给其找代驾的行为。

❷ 行为人明知驾驶人饮酒，教唆、胁迫或命令驾驶人驾驶机动车的行为。

❸ 车辆所有人明知借车人已经醉酒且要求驾驶机动车时，仍将车辆出借给借用人的行为。

危险驾驶罪是有共同犯罪的情形，所以不要向醉酒的人员出借车辆，不向驾驶人强行劝酒或指派、胁迫醉酒的驾驶人驾驶机动车，否则将会受到法律的制裁。

● 酒驾的处罚措施是什么？

处罚依据：《中华人民共和国道路交通安全法》第91条。

处罚措施如下。

❶ 饮酒后驾驶机动车的，处暂扣6个月机动车驾驶证，并处1000元以上2000元以下罚款。因饮酒后驾驶机动车被处罚，再次饮酒后驾驶机动车的，处10日以下拘留，并处1000元以上2000元以下罚款，吊销机动车驾驶证。

❷ 醉酒驾驶机动车的，由公安机关交通管理部门约束至酒醒，吊销机动车驾驶证，依法追究刑事责任；5年内不得重新取得机动车驾驶证。

❸ 饮酒后驾驶营运机动车的，处15日拘留，并处5000元罚款，吊销机动车驾驶证，5年内不得重新取得机动车驾驶证。

❹ 醉酒驾驶营运机动车的，由公安机关交通管理部门约束至酒醒，吊销机动车驾驶证，依法追究刑事责任；10年内不得重新取得机动车驾驶证；重新取得机动车驾驶证后，不得驾驶营运机动车。

❺ 饮酒后或者醉酒驾驶机动车发生重大交通事故，构成犯罪的，依法追究刑事责任，并由公安机关交通管理部门吊销机动车驾驶证，终生不得重新取得机动车驾驶证。

防扣分提示

机动车驾驶人要时刻铭记"司机一滴酒，亲人两行泪"的惨痛教训，自觉抵制酒驾，坚持做到"开车不喝酒，喝酒不开车"；乘车人要主动劝阻酒驾行为，坚决不坐酒驾车辆，严防因一时之便而发生意外，给个人和家庭带来无法弥补的伤害。

② 肇事逃逸

交规规定

造成致人轻伤以上或者死亡的交通事故后逃逸，尚不构成犯罪的，一次记 12 分；造成致人轻微伤或者财产损失的交通事故后逃逸，尚不构成犯罪的，一次记 6 分。

真实案例

开车撞到消防栓和摩托车，驾驶人肇事逃逸后被罚 2000 元、记 12 分

2022 年 5 月 13 日凌晨 4 时许，杨某某驾驶一辆小型汽车沿新华街由南向北行驶时，撞到道路西侧消防栓后又撞到停放在道路西侧的三轮摩托车。事故发生后，杨某某心存侥幸，没有报警处理，而是逃离了现场。辖区警方快速出动，不到 24h 就抓获了杨某某。根据规定，交警依法对杨某某处以罚款 2000 元、记 12 分的处罚，被损坏的车辆及公共设施也必须照价赔偿。

• 自撞护栏逃逸，驾驶人被罚1000元、记6分并拘留6天 •

2022年4月26日，成都某路段发生一起自撞护栏的交通事故，护栏散落在对向机动车道上，对过往车辆通行造成极大的影响。由于当时属于夜晚，如果有车辆快速通过该路段，后果将不堪设想。4月29日，成都交警某分局对辖区内的这起肇事逃逸案件进行了处理，对该案件的违法嫌疑人依法处以罚款1000元、记6分并拘留6日的处罚。

• 小型客车肇事逃逸，驾驶人被罚2000元、记6分 •

2022年4月25日14时19分，杨某驾驶一辆牌号为新LC×××9的小型客车，在三道岭文明路倒车时碰撞到后方停车位里的一辆小型汽车。撞车后，杨某没有找到车主联系方式，也没有留下自己的联系方式便驾车离去。被撞车辆的车主报警后，交警迅速赶到事故现场勘查，并调取事发路段监控视频，经多方取证锁定了嫌疑人杨某。根据规定，交警依法对杨某实施造成致人轻微伤或财产损失的交通事故后逃逸、尚不构成犯罪的违法行为处以罚款2000元、记6分的处罚。

案·例·解·读

● 什么是交通肇事逃逸？

交通肇事逃逸，就是指在交通事故发生后，当事人明知自己发生了交通事故，为逃避事故责任，故意逃离事故现场，不向公安机关报案的一种违法行为。

● 交通肇事逃逸的情形有什么？

❶ 明知发生交通事故，交通事故当事人驾车或弃车逃离事故现场的。

❷ 交通事故当事人认为自己对事故没有责任，驾车驶离事故现场的。

❸ 交通事故当事人有酒后和无证驾车等嫌疑，报案后不履行现场听候处理义务，弃车离开事故现场后又返回的。

❹ 交通事故当事人虽将伤者送到医院，但未报案且无故离开医院的。

❺ 交通事故当事人虽将伤者送到医院，但给伤者或家属留下假姓名、假地址、假联系方式后离开医院的。

❻ 交通事故当事人接受调查期间逃匿的。

❼ 交通事故当事人离开现场且不承认曾发生交通事故，但有证据证明其应

知道发生交通事故的。

❽ 经协商未能达成一致或未经协商给付赔偿费用明显不足,交通事故当事人未留下本人真实信息,有证据证明其是强行离开现场的。

● 交通肇事逃逸的危害是什么?

❶ 致使被害人因得不到及时救助而加重伤情,甚至死亡。

❷ 受害人无法得到相应赔偿,进而有损法律的权威性。

❸ 严重损坏了正常的道路交通秩序,容易对广大交通参与者造成一种潜在的威胁。

● 哪些违法犯罪行为会被终身禁驾?

❶ 造成交通事故后逃逸构成犯罪的。

❷ 饮酒后或者醉酒驾驶机动车发生重大交通事故构成犯罪的。

上述两种情形都是严重的、恶性的违法行为,对公共安全危害极大,导致人员伤亡或财产损失,后果严重,需要追究刑事责任,因此规定终生不得重新取得机动车驾驶证。

● 肇事逃逸后保险公司还赔吗?

根据《中华人民共和国民法通则》和最高人民法院《关于审理人身损害赔偿案件适用法律若干问题的解释》,如果肇事车辆投保了车辆保险,发生交通事故后,赔偿时保险公司有先予支付的义务。但是,如果肇事者逃逸,按《保险合同》约定,保险公司就不再承担保险责任,只在交强险的承保范围内对被害人进行赔偿,不足部分只能是车主自行掏腰包。

● 肇事逃逸会判刑吗?

根据《刑法》第133条规定,违反交通运输管理法规,因而发生重大事故,致人重伤、死亡或者使公私财产遭受重大损失的,处3年以下有期徒刑或者拘役;肇事后逃逸或者有其他特别恶劣情节的,处3年以上7年以下有期徒刑;因逃逸致人死亡的,处7年以上有期徒刑。

● 肇事逃逸的处罚措施是什么?

处罚依据:《中华人民共和国道路交通安全法》第99条第3项、第101条第2款。

处罚措施:造成交通事故后逃逸,尚不构成犯罪的,由公安机关交通管理部门处200元以上2000元以下罚款,可以并处15日以下拘留;造成交通事故后逃逸，构成犯罪的，由公安机关交通管理部门吊销机动车驾驶证，且终生不得重新取得机动车驾驶证。

防扣分提示

交通肇事后逃逸是一种性质十分恶劣、情节非常严重的违法行为，为此当事人要承担对自己不利的严重后果。新交规加大了对交通肇事逃逸的处罚力度，就是提醒广大驾驶人在发生交通事故后，要立即停车、抢救伤员、保护现场并立即报警，千万不要选择逃逸！

3 伪牌伪证

交规规定

使用伪造、变造的机动车号牌、行驶证、驾驶证、校车标牌或者使用其他机动车号牌、行驶证的，一次记12分。

真实案例

车主开假牌车去领新车牌，被罚 2000 元、记 12 分并暂扣车辆

2022 年 5 月 11 日上午，某交通大队在友谊金凯路口开展整治时，成功利用公安交管缉查布控系统查获一辆假牌车。经查，该车牌早已被注销，车主利用假牌去车管所领新牌，没想到去的路上就被交警查获。根据规定，交警依法对车主吴某处以罚款 2000 元、记 12 分并暂扣车辆的处罚。

为省停车费自己车套自己牌，面临罚款 5000 元、记 12 分和 15 日以下拘留

2022 年 4 月 11 日上午，某交通中队接到群众举报，称辖区某小区内有两辆汽车悬挂的前号牌一模一样。接警后，中队指挥室立即派出警力前往调查，很快就在小区停车场内找到了两辆都悬挂着鄂 AA××81 号牌的车辆。交警通过警务信息平台查询，鄂 AA××81 号牌对应的是其中一辆白色大众牌小汽车，而另一辆米色日产牌小客车的前车牌系伪造，其后车牌鄂 A0××WW 才是真实车牌。面对交警的询问，车主朱某解释自己车套自己牌是为了省点停车费。交警依法收缴非法车牌，暂扣朱某驾驶的车辆，朱某将面临罚款 5000 元、记 12 分并处 15 日以下拘留的处罚。

使用报废面包车的车牌，女司机被罚 3000 元、记 12 分

2022 年 4 月 8 日，某交通大队交警在 312 省道执勤时，发现一辆涉嫌套牌的小轿车。经核查，刘某（女）驾驶小轿车上所悬挂的车牌为自家另一辆已经报废的面包车上的车牌。由于小轿车长时间闲置，为了方便临时用车，逃避处罚，刘某就将面包车的车牌悬挂在小轿车上。根据规定，交警依法对刘某处以罚款 3000 元、记 12 分的处罚。

驾校司机使用其他车辆号牌，被罚 5000 元、记 12 分

2022 年 4 月 13 日 16 时许，某交通大队快骑机动队在辖区开展重点车辆违法整治行动时，发现路边停靠的一辆白色教练车只悬挂了前牌，于是立即上前进行检查。只见该车前牌仅用两根细铁丝挂着，并未按规定使用专用螺栓固定。交警通过警务信息平台查询，发现车辆的车架号、发动机号与悬挂的鄂 AT3××学的号牌也并不匹配，存在套牌嫌疑。面对交警查处，驾驶人徐某急忙从车内取出另一副鄂 AT2××学的号牌，经查，该车牌为教练车的真实车牌。

原来，徐某是附近某高校内的驾校司机，教练车为校内学员培训用车。当天，徐某驾车到学校附近接人，因鄂AT2××学的号牌未录入学校门禁，进出校园会被收取停车费用，于是就将另一副缴纳过停车年费的教练车牌临时挂上。根据规定，交警依法收缴非法车牌，暂扣徐某驾驶的车辆，对徐某处以罚款5000元、记12分的处罚。

● 伪造驾驶证和准驾不符，驾驶人被罚5000元、记21分并处15日以下拘留 ●

2022年4月4日，交警在G25长深高速1902km处处理一起重型半挂车碰撞防护栏的单方交通事故中，发现该车驾驶人夏某出示的A2驾驶证有伪造嫌疑。现场询问中，这个涉嫌伪造的A2驾驶证明明盖有山东公安机关印章，可夏某却信誓旦旦地说是在连云港公安机关增驾取得的，很明显夏某是在撒谎。随后，交警将夏某带到大队，经进一步核实，夏某合法持有的驾驶证为B2证，不得驾驶重型半挂车，属准驾不符。根据规定，交警将依法对夏某的交通违法行为合并处以罚款5000元、记21分并处15日以下拘留的处罚。

● 城际"黑车"伪造行驶证，驾驶人被罚2500元、记12分 ●

2022年4月12日上午8时30分，某交通大队在辖区收费站出站口将涉嫌长期从事非法营运的车牌号为贵A29××7的白色面包车拦下。经交警询问，除驾驶人罗某外，其余7人是在都匀市不同地点上的车，彼此互相不认识，上车后各自向驾驶人罗某支付了50～100元不等的车费。随后，驾驶人罗某向交警提供了该车行驶证，显示该车核载人数为9人。在进一步检查中，交警发现该车的另一个行驶证，显示核载人数为7人。交警立即通过系统查询，显示罗某提供的行驶证涉嫌伪造，并且该车存在超员违法行为。根据规定，驾驶人罗某因使用伪造的机动车行驶证，被处以罚款2500元、记12分并处15日以下行政拘留的处罚，同时因超员被处以罚款50元、记3分的处罚。下一步，该案件将移交到道路运输执法部门进行处理。

案·例·解·读

● 什么是伪牌伪证车？

伪牌伪证车，就是在车辆号牌、行驶证、驾驶证上动手脚，违反交通法规的车辆。

● 为什么对伪牌伪证的违法行为处罚这么重?

号牌、行驶证、驾驶证就是车辆和驾驶人的"身份证",便于交通管理部门对车辆和驾驶人进行管理,也便于社会公众进行监督。如果号牌、行驶证、驾驶证管理不严格、不规范,就会造成肇事逃逸、治安、刑事等案件侦破困难。因此,在新交规中,加大了对伪牌伪证违法行为的处罚力度。

● "变号贴"属于套牌吗?

"变号贴"是一块印有单个字母或数字的金属片或者纸片,表面印刷的字母、数字的大小和颜色与真车牌相差无几,将"变号贴"固定在车牌上,原来的车牌号立即变身为其他车牌号。根据新交规,使用"变号贴"将自己号牌变造成他人号牌的行为属于"套牌",一次记 12 分。

● "新交规车牌框"合法吗?

符合标准的车牌框内侧边缘距离机动车登记编号字符边缘应大于 5mm。也就是说,无论使用何种车牌框,都必须在号牌字符边缘留出足够的空白。如果肉眼难以辨别是否达标,可以用号牌周边的白线作标准。判断车牌安装是否违规的一个依据,就是车牌框是否压住了这圈白线。在调查中发现,网店和不少汽配店中出售的多款车牌框基本都没标识出号牌留白距离、框架宽度,有的车牌用螺栓固定,有的车牌用滑轨插槽固定,安装的方式不同,也就难以估算安装后号牌边缘还能留出多少距离和能否将白线露出来。

● 什么车辆容易伪牌伪证违法?

目前,伪牌伪证违法车辆主要有以下四类。

❶ 盗抢、走私或者报废车辆。这些车为达到上路目的,多使用伪牌伪证或套用其他车辆牌证。

❷ 新车、过户转籍车辆。新车上牌前,过户转籍车辆更换牌照期间,其临时号牌超期使用,形成机动车无牌上路行驶。一些车辆在取得牌照后,仍使用过期临时号牌,有一些则用假临时号牌,意图蒙混过关。

❸ 变造号牌车辆。这些车辆为躲避交通警察处罚,一般在夜晚城市道路无警时段出现,尤其是某些夜班出租车。高速公路上变造号牌违法案件发生的频率也很高,驾驶人主要是为了一时超速方便。

❹ 套用他人牌照车辆。套牌车中有同车型套挂,也有恶意使用他人车辆号牌的现象。在营运车辆中,交警查获同车型套挂较多,套牌出租车和货运车就属此类。

● 伪牌伪证的危害是什么？

由于套牌车使用的是其他车辆的信息，监控设备拍摄的信息记录在被套牌的机动车上，自身的违法后果转嫁给了守法群众，侵害了被套牌机动车所有人的合法权益。此外，盗抢、走私或者报废车辆多使用假牌假证、套用其他车辆牌证等上路行驶。套牌车辆、假牌车辆往往还是不法分子从事抢劫等违法犯罪活动并逃避公安机关打击的作案工具。根据相关法律法规的规定，办理机动车登记前必须缴纳车辆购置税、交通事故责任强制保险、机动车检测费，登记时要缴纳牌证工本费，营运车辆还需另行缴纳相应的营运管理费。使用伪牌伪证和套牌的机动车不办理正式的注册登记手续，造成国家税费流失。伪牌伪证交通违法不仅严重扰乱了道路交通秩序，还涉及偷逃国家税费等违法犯罪活动，已经成为道路交通安全和社会安全的重大隐患之一。

● 伪牌伪证的处罚措施是什么？

处罚依据：《中华人民共和国道路交通安全法》第 96 条。

处罚措施如下。

❶ 伪造、变造或者使用伪造、变造的机动车登记证书、号牌、行驶证、驾驶证的，由公安机关交通管理部门予以收缴，扣留该机动车，处 15 日以下拘留，并处 2000 元以上 5000 元以下罚款；构成犯罪的，依法追究刑事责任。

❷ 伪造、变造或者使用伪造、变造的检验合格标志、保险标志的，由公安机关交通管理部门予以收缴，扣留该机动车，处 10 日以下拘留，并处 1000 元以上 3000 元以下罚款；构成犯罪的，依法追究刑事责任。

❸ 使用其他车辆的机动车登记证书、号牌、行驶证、检验合格标志、保险标志的，由公安机关交通管理部门予以收缴，扣留该机动车，处 2000 元以上 5000 元以下罚款。

当事人提供相应的合法证明或者补办相应手续的，应当及时退还机动车。

防扣分提示

现在，有的驾驶人不规范自己的驾车行为，反而为逃避处罚在号牌和证件上动歪脑筋。交警对识别假号牌和假证件有着高超的技能，所以驾驶人不要抱侥幸心理企图蒙混过关。

4 客车超员

交规规定

　　驾驶校车、公路客运汽车、旅游客运汽车载人超过核定人数 20% 以上，或者驾驶其他载客汽车载人超过核定人数 100% 以上的，一次记 12 分；驾驶 7 座以上载客汽车载人超过核定人数 50% 以上未达到 100% 的，一次记 9 分；驾驶校车、公路客运汽车、旅游客运汽车载人超过核定人数未达到 20%，或者驾驶 7 座以上载客汽车载人超过核定人数 20% 以上未达到 50%，或者驾驶其他载客汽车载人超过核定人数 50% 以上未达到 100% 的，一次记 6 分；驾驶校车、公路客运汽车、旅游客运汽车、7 座以上载客汽车以外的其他载客汽车载人超过核定人数 20% 以上未达到 50% 的，一次记 3 分。

真实案例

面包车超员 100%，驾驶人被罚 200 元、记 12 分并追究刑责

　　2022 年 4 月 29 日早 7 时 40 分，某交警支队在辖区内执勤时，发现一辆小型面包车行驶缓慢，车内人头攒动，有超员的交通违法嫌疑。交警立即拦检该车，发现车内坐满了学生。经查，该车核载 8 人，实载 16 人，超员 100%。根据规定，交警依法对该车驾驶人处以罚款 200 元、记 12 分的处罚。同时，根据《中华人民共和国刑法修正案（九）》的规定，从事校车业务或者旅客运输，严重

超过额定乘员载客的，处拘役，并处罚金。因该超员车驾驶人涉嫌危险驾驶罪，已被移交到辖区派出所进一步处理。

· 非法营运小客车超员6人，驾驶人被罚200元、记9分 ·

2022年4月26日21时许，某交通大队依托大数据分析研判，于辖区服务区成功查获一辆牌号为浙G6××××的超员且涉嫌跨省非法营运的小型普通客车。经查，该车核载9人，实载15人，超员6人。据查，车上乘客都是从赫章县分批次乘坐该车，前往广州的不同地方，夜间发车主要是为了逃避相关部门查处。交警核实相关情况后，依法对驾驶人陈某的超员违法行为处以罚款200元、记9分的处罚。由于陈某涉嫌非法营运，被移交到交通综合执法大队，进行下一步调查处理。

· 小汽车超员6人，驾驶人被罚150元、记6分 ·

2022年4月23日下午，某交通中队执勤警员在辖区内巡逻时，发现一辆小型汽车上满载中学生。经查，该车核载7人，实载13人，超员86%。驾驶人张某解释说，这些孩子的家长合资包下他的小型汽车，负责接送孩子上下学。张某答应后，却不遵守与家长分两次送孩子到学校的约定，而是图省事让所有的孩子进入车内一起带走。交警进一步核查发现，驾驶人张某于3月11日因搭载学生超员已被处罚过一次。根据规定，交警依法对张某驾驶载客汽车载人超过核定人数50%以上未达100%的交通违法行为处以罚款150元、记6分的处罚。

· 小客车超员2人，驾驶人被罚200元、记3分 ·

2022年5月1日14时04分，某交通大队交警在辖区收费站入口方向开展重点交通违法行为整治行动时，发现李某某驾驶的牌号为宁AH44××的小型普通客车核载5人，实载7人，超员2人。根据规定，交警依法对驾驶人李某某处以罚款200元、记3分的处罚，同时组织对超员人员进行转运。

· 小轿车超员1个小孩，驾驶人被罚200元、记3分 ·

2022年5月28日9时许，某交通大队在辖区开展交通违法整治时，发现一辆小型轿车的车厢里人头攒动。经查，该车核载5人，实载6人。驾驶人杨某解释说，虽然自己多拉了 1 个人，但小孩是大人抱着的。交警耐心地向驾乘人员讲解了机动车载人的相关规定，然后依法对驾驶人杨某处以罚款 200 元、记 3 分的处罚。

校车超员涉危险驾驶罪，2 人被刑拘

2022 年 4 月 26 日下午，某交通大队在辖区开展交通违法专项整治时，发现一辆专用校车有超员嫌疑，执勤交警立即示意该校车停车接受检查。交警打开车门一看，发现里面挤满了小孩。经查，该车核载 19 人，实载 44 人，超员 131%，属于严重超员；该校车属于学校正规校车，除了驾驶人陈某和一名跟车老师外，其余 42 人为 ×× 幼儿园的孩子。因涉嫌危险驾驶罪，公安局依法对驾驶人陈某和 ×× 幼儿园园长皮某某采取刑事强制措施。

案·例·解·读

● 客车超员的危害是什么？

❶ 客车超员会加重车身，使车辆安全性降低。

❷ 客车超员会让车内人员拥挤，不仅通风换气存在问题，一旦发生事故，加大了乘客逃生难度。

❸ 车辆自身的力学性能会因超员而增加损耗。

● 如果五座私家车里有 5 名大人，有 1 人抱着一个孩子或婴儿，算不算超员？

私家车的载人数是以车辆行驶证上标明的核载人数为准的。交通法规关于"超员"的规定中，并未对乘车人员的身高、体重、年龄等作出规定，而只是规定了"数量"。因此，一辆核载 5 人的汽车，多出来一个儿童，即使是父母怀中的婴儿，也属于超员。

● 坐大巴车时，孩子可以免票，这说明孩子不算人头数，为什么现在算超员？

大巴车属营运车辆，营运车辆确实有规定可以额外搭载一定比例的孩子，不算入超员范围。但是，私家车没有大人和小孩之分，均算入核载人数。

● 机动车载人的规定是什么？

❶ 公路载客汽车不得超过核定的载客人数，但按照规定免票的儿童除外。

在载客人数已满的情况下，按照规定免票的儿童不得超过核定载客人数的10%。

❷载货汽车车厢不得载客。在城市道路上，货运机动车在留有安全位置的情况下，车厢内可以附载临时作业人员 1～5 人；载物高度超过车厢栏板时，货物上不得载人。

❸摩托车后座不得乘坐未满 12 周岁的未成年人，轻便摩托车不得载人。

● 客车超员的处罚措施是什么？

处罚依据：《中华人民共和国道路交通安全法》第 92 条第 1 款。

处罚措施：公路客运车辆载客超过额定乘员的，处 200 元以上 500 元以下罚款；超过额定乘员 20% 或者违反规定载货的，处 500 元以上 2000 元以下罚款，并由公安机关交通管理部门扣留机动车至违法状态消除。运输单位的车辆，经处罚不改的，对直接负责的主管人员处 2000 元以上 5000 元以下罚款。

防扣分提示

客车超员是十分严重的交通违法行为，很容易引发群死群伤的严重后果，驾驶人应自觉遵守规定，按核定乘员数载客。

5 超速

交规规定

驾驶校车、中型以上载客载货汽车、危险物品运输车辆在高速公路、城市快速路上行驶超过规定时速 20% 以上，或者驾驶其他机动车在高速公路、城市快速路上行驶超过规定时速 50% 以上的，一次记 12 分；驾驶校车、中型以上载客载货汽车、危险物品运输车辆在高速公路、城市快速路以外的道路上行驶超过规定时速 50% 以上的，一次记 9 分；驾驶校车、中型以上载客载货汽车、危险物品运输车辆在高速公路、城市快速路上行驶超过规定时速未达到 20%，或者在高速公路、城市快速路以外的道路上行驶超过规定时速 20% 以上未达到 50% 的；驾驶校车、中型以上载客载货汽车、危险物品运输车辆以外的机动车在高速公路、城市快速路上行驶超过规定时速 20% 以上未达到 50%，或者在高速公路、城市快速路以外的道路上行驶超过规定时速 50% 以上的，一次记 6 分；驾驶校车、中型以上载客载货汽车、危险物品运输车辆以外的机动车在高速公路、城市快速路以外的道路上行驶超过规定时速 20% 以上未达到 50% 的，一次记 3 分；驾驶校车、中型以上载客载货汽车、危险物品运输车辆在高速公路、城市快速路以外的道路上行驶超过规定时速 10% 以上未达到 20% 的，一次记 1 分。

超速记分分值一览表

类 别	校车、中型以上载客载货汽车、危险物品运输车辆		除校车、中型以上载客载货汽车、危险物品运输车辆以外的车辆	
	超速 /%	记分 / 分	超速 /%	记分 / 分
高速公路、城市快速路	20 以上	12	50 以上	12
	20 以下	6	20 ~ 50	6
除高速公路、城市快速路外的道路	50 以上	9	50 以上	6
	20 ~ 50	6	20 ~ 50	3
	10 ~ 20	1		

真实案例

超速"松绑"后，广西高速交警一连查处84辆超速车

2022年4月1日起，《道路交通安全违法行为记分管理办法》开始施行，其中对私家车在高速公路上超速20%以下不记分。然而，一些驾驶人却误以为这是对高速公路上超速违法行为的"松绑"。从2022年4月1日起至4月26日，广西高速交通大队共查处84辆超速20%以上的私家车，车速高达146～188km/h不等。

两辆轿车超速追逐，两名驾驶人被吊销驾驶证

2022年4月24日，某交警大队接市局指令，有两辆轿车在辖区路段互相超速追逐行驶，十分危险。该交警大队迅速成立调查组，联合交警支队指挥中心，立即调取沿线道路视频监控，通过研判分析锁定了嫌疑车辆的车牌、型号和轨迹路线。在对视频证据进行固定后，该交警大队调查组一方面对道路现场进行了勘查和取证，另一方面安排专人对违法驾驶人进行口头传唤。4月26日，交警对两名驾驶人分别进行了询问，驾驶人郜某昱和吴某朋对违法行为供认不讳。交警进一步对车速进行了鉴定，结果显示两辆轿车在违法行为发生路段的平均车速分别达到134.2km/h、137.6km/h，超速比例分别高达123.7%、129.3%。根据规定，交警依法对驾驶人郜某昱和吴某朋处以罚款2000元并吊销机动车驾驶证（2年内不得申领）的处罚。另外，驾驶人郜某昱驾驶的轿车因改变车身颜色，未按照规定时限办理变更登记，被罚款200元。

高速公路飙车到187km/h，驾驶人被罚1000元、记12分

2022年5月1日10时许，某交通大队指挥中心系统发出报警：京雄高速雄安方向73km+464m处，有一辆小型轿车行驶车速高达187km/h，超速55%。交警立即行动，在雄安收费站对该车进行布控拦截。驾驶人被抓后解释说，自己当时看到路面上车辆很少，于是就抱着侥幸心理加速行驶。根据规定，交警依法对驾驶人"驾驶中型以上载客载货汽车、校车、危险物品运输车辆以外的机动车在高速公路行驶超过规定时速50%以上未达70%"的违法行为处以罚款1000元、记12分的处罚。

在高速公路上超速被罚 200 元、记 6 分

2022 年 4 月 25 日上午 11 时 49 分，一辆路虎越野车行驶到 G72 泉南高速柳州往南宁方向 1459km+620m 处时，被路段区间测速仪拍摄到当时行驶车速达到 146km/h。等该车行驶到南宁东收费站后，交警立即将该车引导至检查区域内，对车辆进行检查。驾驶人陈某是一位打扮得非常精致优雅的女士，当天上午她驾车从贵港出发前往南宁。交警问道："你自己开得有多快，都不知道吗？"陈某说："路太直，踩下油门，车速快也没什么感觉！"根据规定，交警依法对驾驶人陈某在高速公路上驾驶机动车超过规定时速 20% 以上未达 50% 的违法行为，处以罚款 200 元、记 6 分的处罚。

在公路上超速被罚 200 元、记 3 分

2022 年 5 月 19 日，王女士驾驶一辆小型汽车行驶在京沈路时，因道路上车辆较少，就开得快了一些，在通过京沈路与顺沙路交叉口南侧六环入口附近时，以超过 70km/h 的车速驶过。王女士收到处罚通知短信后才得知，此路段限速 70km/h，自己因"驾驶校车、中型以上载客载货汽车、危险物品运输车辆以外的机动车在高速公路、城市快速路以外的道路上行驶超过规定时速 20% 以上未达到 50% 的违法行为"被处以罚款 200 元、记 3 分的处罚。

大客车关闭 GPS 夜间超速，驾驶人被刑事立案

2022 年 4 月 6 日晚 11 时，某交警支队实战指挥中心发现一辆涉嫌关闭 GPS 逃避监管的牌号为冀 FJ×××× 的大客车进入辖区，于是立即通知辖区交警。晚上 11 时 47 分，该车在沪昆高速跳马服务区被查获。驾驶人田某撒谎称，GPS 在维修，因此没有记录。交警反复检查，最终在中控台下方发现一个非常隐蔽的 GPS 断电开关。经查，田某近两个月驾驶这辆旅游包车多次往返贵州兴仁与浙江金华之间，为达到在湖南境内超速超时驾车的目的，通过加装开关关闭 GPS 的方式逃避监管。4 月 8 日，驾驶人兼车主田某因涉嫌危险作业罪被采取刑事强制措施，这也成为湖南省第一起因关闭客车 GPS 逃避监管涉嫌危险作业罪被刑事立案的案件。

案·例·解·读

● 超速行驶为什么容易引发事故？

❶ 超速行驶时，驾驶人注视点前移，视野变窄，清晰度不良，对道路交通情况辨认不准确，而且在复杂路段超速行驶时，驾驶人更难以及时观察各

种动态，无法对路面情况做出准确判断，导致发生事故时不能及时采取措施应对。

❷ 车辆的制动距离主要受车速制约，由于惯性作用，车速越快制动距离就越大，制动非安全期就越长。超速行驶使制动非安全期延长，容易发生追尾或剐碰事故。

❸ 超速行驶造成超车的机会增多，路面情况变化频繁，行驶间距缩短，驾驶人心理和体力消耗增加，容易产生疲劳，导致疲劳驾驶。同时，超速行驶影响车辆的操作稳定性，特别是在弯道处行驶，由于离心力的作用，容易使车辆驶向回转中心外侧发生侧滑或倾斜。

❹ 驾驶人在超速行驶中，如果突然遇到意外情况，心理就会极度紧张，慌乱之中根本无暇冷静思考、准确判断，采取的紧急措施常常是顾此失彼、欲避却趋，交通事故往往就在这时发生了。

● 我国对公路限速是如何规定的？

目前，我国公路限速主要有标牌限速、法定限速、特殊时段和天气限速三种。

❶ 标牌限速：就是公路上设置的限速标志、标线标明的速度，具体的限速值由交通运输部门根据公路的设计速度以及公路的功能类型、几何线形特性、运行交通流量、路侧环境等多种因素综合确定。

❷ 法定限速：没有限速标志的路段，要遵守法律法规规定的限速。根据《中华人民共和国道路交通安全法》及其实施条例，在没有中心线的公路，限速为40km/h；同方向只有1条机动车道的公路，限速为70km/h；进出非机动车道，通过铁路道口、急弯路、窄路、窄桥以及掉头、转弯、下陡坡时，限速为30km/h；高速公路最高限速为120km/h。

❸ 特殊时段和天气限速：根据《中华人民共和国道路交通安全法》及其实施条例，在普通公路行驶，遇雾、雨、雪、沙尘、冰雹，能见度在50m以内，以及在冰雪、泥泞的道路上行驶时，限速为30km/h。为严管客运车辆，在夜间22时至次日凌晨5时行驶时，速度不得超过日间限速的80%。

● 行驶速度的具体规定有什么？

❶ 在没有限速标志、标线和道路中心线的城市道路上行驶时，最高车速为30km/h；在没有限速标志、标线和道路中心线的公路上行驶时，最高车速为40km/h。

❷在没有限速标志、标线，且同方向只有1条机动车道的城市道路上行驶时，最高车速为50km/h；在没有限速标志、标线，且同方向只有1条机动车道的公路上行驶时，最高车速为70km/h。

❸在高速公路上行驶时，最高车速不得超过120km/h，最低车速不得低于60km/h。在高速公路上行驶的小型载客汽车最高车速不得超过120km/h，其他机动车不得超过100km/h，摩托车不能超过80km/h。同方向有2条车道的，左侧车道的最低车速为100km/h；同方向有3条以上车道的，最左侧车道的最低车速为110km/h，中间车道的最低车速为90km/h。道路限速标志标明的车速与上述车道行驶车速的规定不一致的，按照道路限速标志标明的车速行驶。

❹进出非机动车道，通过铁路道口、急弯路、窄路、窄桥，在冰雪、泥泞的道路上行驶，掉头、转弯、下陡坡，最高行驶速度都不得超过30km/h。

❺遇雾、雨、雪、沙尘、冰雹等，要降低行驶速度，能见度在50m以内时，最高行驶速度都不得超过30km/h。

● 什么是区间测速？

区间测速，指的是在同一路段上布设两个相邻监控点，根据车辆前后通过两个监控点的时间，来计算车辆在该路段上的平均行驶速度，并根据该路段上的限速标准判定车辆是否超速违章。例如，驾驶人从区间测速点A到点B相距10km，此高速路段限速为100km/h，当车辆经过点A和点B两个时刻时，车辆信息会被记录下来，如果用时少于6min，就说明超速了。当然，该系统还会辨别该车是否低于最低限速，如果车辆在高速公路上车速低于60km/h，也会被记录在案。

● 区间测速的原理是什么？

区间测速无法做到对路面上每一辆车都进行拍照，其抓拍原理是：在测速开始时，如果有车辆超速行驶的，就会先拍照，并在测速结束时进行测速，然后抓拍在路段中超速的车辆，要是2个点都出现同一辆车，就会进行时间测算，用预设距离除以2张照片拍照的间隔时间，最终判断车辆有无超速。

● 区间测速的特点是什么？

区间测速区别于现有的雷达测速仪，最大特点就是其持续性。简单地说，驾驶人想依靠"电子狗"或见到测速仪时再减速，那肯定是行不通了。

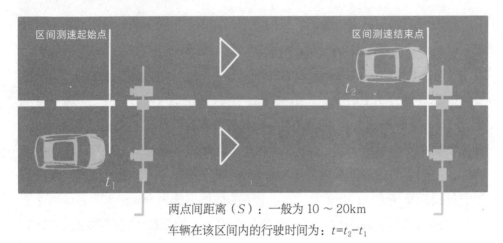

两点间距离（S）：一般为 10 ～ 20km

车辆在该区间内的行驶时间为：$t=t_2-t_1$

车辆在该区域内的平均速度为：$v=S/t=S/（t_2-t_1）$

如果车辆的平均速度（v）大于该区间的限速值则表示车辆在该区间内超速

● 区间测速是不是只是一段路程？

驾驶人不要认为区间测速只是一段路程，有可能是交叉着进行测速，而且摄像头的功能准确率达到 99% 以上。摄像头会将车牌号、驾驶人的身份信息直接上传到后台，如果超速行驶了，车主就会很快收到罚单。

● 对付区间测速的"小聪明"为什么不可取？

喜欢耍"小聪明"的人会说，我一会快速行驶，一会"龟速"行驶，不就行了嘛！其实，这样想就太"小聪明"了，除了区间测速，还有定点测速、移动测速互相结合，只要超速就会被拍摄到。况且，短时间内时快时慢的车速更容易造成其他车辆的误判，导致追尾等交通事故。

● 进入区间测速时应该如何驾驶？

一旦驾驶人驾驶机动车进入区间测速，该路段还设有定点测速的话，即便测出来的平均速度在限速范围内，但驾驶人只要在某一定点测速时超速，这也属于超速违法行为。因此，驾驶人进入区间测速时，尽量保持在限速范围内匀速行驶，千万不要抱有侥幸心理。

●私家车超速 20% 以下不用处罚吗？

2022 年 4 月 1 日开始实施的《道路交通安全违法行为记分管理办法》，其中私家车"超速 20% 不记分"引发网友关注。交管局权威解答：不用扣分，但是违法，还是要被警告或罚款的。"不记分"并不意味着"不违法"，因为超速本来就属于违法，只是新的记分管理办法给了比之前更大的宽容度而已，是为了让道路更畅通；同时，警告也是一种处罚，会纳入驾驶人违法记录。如果因超速行驶引发交通事故，驾驶人要承担相应的法律责任。

● 限速标志都有什么？

标志图形	标志名称	标志含义
 **40**	最高限速	此标志设置在限制速度路段前方适当位置，表示该路段内所有车辆行驶速度不得超过标志标示速度。如图所示，表示该路段内所有车辆行驶速度不得超过 40km/h
 **50**	最低限速	此标志设置在有速度限制的道路的适当位置，表示车辆驶入前方道路的最低时速限制。如图所示，表示在前方路况良好的情况下，车辆最低车速不得低于 50km/h
 **40**	解除限制速度	此标志设置在解除限制速度路段前方适当位置，表示该路段内限制行驶速度结束。如图所示，表示前方道路解除限制 40km/h 的速度

● 对超速的处罚措施是什么？

处罚依据：《中华人民共和国道路交通安全法》第 90 条和第 99 条。

处罚措施：机动车行驶超过规定时速 50% 以下的，处警告或者 20 元以上 200 元以下罚款；机动车行驶超过规定时速 50% 的，由公安机关交通管理部门处 200 元以上 2000 元以下罚款，可以并处吊销机动车驾驶证。这条规定以是否超速 50% 为临界点，范围跨度比较大，给各省份在制定各自的实施办法时留下较大空间和灵活度。

防扣分提示

俗话说："十次事故九次快。"超速行驶是机动车安全行驶的罪魁祸首之一。因此，驾驶机动车时一定要遵章守法，尤其是雨雪天气，千万不要超速抢行。超速不但可能被交警处罚，更重要的是不安全。

6 高速快速路上倒车、逆行和掉头

交规规定

驾驶机动车在高速公路、城市快速路上倒车、逆行、穿越中央分隔带掉头的，一次记12分。

真实案例

货车高速公路倒车"撞"上巡逻交警，驾驶人被罚200元、记12分

2022年5月12日，宋某驾驶一辆轻型仓栅式货车，从广元苍溪出发，沿G75兰海高速行驶，准备去成都金堂装货。上午10时50分，当车行驶到G75兰海高速李桥互通路段时，本该通过匝道驶离兰海高速转入成巴高速行驶，但宋某却因为一时大意错过了路口。为了赶时间和节省过路费，宋某抱着侥幸心理在高速公路应急车道上倒车，想倒回路口后往成都方向行驶。这危险的一幕，正巧被辖区巡逻交警发现。按照规定，交警依法对宋某处以罚款200元、记12分的处罚。

在高速公路上逆行被罚200元、记12分

2022年5月3日11时47分，路面监控视频显示融河高速公路罗城段往河池方向有一辆白色轿车在快车道上快速逆行，差点与旁边车辆碰撞，情况十分

危急。高速交警接到报警后，迅速出警去拦截。女司机杨某被查获后，竟然嬉笑着说自己"学着开车，随便游一游"。交警调取路面监控发现，驾驶人杨某驾驶车辆在高速公路上至少逆行了25km。根据规定，交警依法对杨某处以罚款200元、记12分并暂扣驾驶证的处罚。

大型汽车在高速公路上掉头酿事故，驾驶人被罚200元、记12分

2022年4月27日凌晨4时30分，某交警支队接警称，在厦蓉高速B线208km+600m处发生了一起两车碰撞的交通事故。交警迅速赶到现场，发现两辆车均为大型汽车，事故发生后车辆横跨主车道和应急车道，道路通行受阻。交警迅速对事故现场进行安全布控，并与交通综合执法及抢修清障等部门共同奋战，及时清理出一条通道，指挥滞留车辆有序通行。经过交警询问得知，李某某驾驶大型汽车行驶到厦蓉高速B线208km+600m处时，因错过预定出口，为了贪图方便，就从隧道前的中央分隔带掉头，最终与另一辆大型汽车发生碰撞，造成两车损坏的交通事故，李某某负这起事故的全部责任。根据规定，交警依法对李某某处以罚款200元、记12分的处罚。

案·例·解·读

● 什么是高速公路？

高速公路属于高等级公路。中国交通部规定，高速公路指"能适应年平均昼夜小客车交通量为25000辆以上、专供汽车分道高速行驶并全部控制出入的公路"。

● 高速公路的管理规定是什么？

❶ 驶入规定：驾驶机动车从匝道驶入高速公路，在高速公路三角地带开启左转向灯，注意观察行车道内的车辆，正确选择汇入行车道的时机，以确保安全。

❷ 限速规定：机动车在高速公路上行驶时，最高车速不得超过120km/h，最低车速不得低于60km/h。在高速公路上行驶的小型载客汽车最高车速不得超过120km/h，其他机动车不得超过100km/h，摩托车不能超过80km/h。同方向有2条车道的，左侧车道的最低车速为100km/h；同方向有3条以上车道的，最左侧车道的最低车速为110km/h，中间车道的最低车速为90km/h。道路限速标志标明的车速与上述车道行驶车速的规定不一致的，按照道路限速标志标明的车速行驶。

❸安全距离规定：驾驶机动车在高速公路上行驶，车速超过 100km/h，与同车道前车保持 100m 以上的距离；车速低于 100km/h，与同车道前车距离可以适当缩短，但最小距离不得小于 50m。

❹驶离高速公路规定：驾驶机动车驶离高速公路时，要开启右转向灯，驶入减速车道，按照标志限定的速度，降低车速后驶入匝道。

❺特殊情形规定：驾驶机动车在高速公路遇雾、雨、雪、沙尘、冰雹等，能见度小于 200m 时，车速不得超过 60km/h，与同车道前车保持 100m 以上的距离；能见度小于 100m 时，车速不得超过 40km/h，与同车道前车保持 50m 以上的距离；能见度小于 50m 时，车速不得超过 20km/h，并从最近的出口尽快驶离高速公路。

● 高速公路上的禁止行为都有什么？

❶不得在高速公路上倒车、逆行、穿越中央分隔带掉头或者在行车道内停车。

❷不得在匝道、加速车道或者减速车道上超车。

❸不得骑、压车行道分界线或者在路肩上行驶。

❹不得试车或者学习驾驶机动车。

❺不得在非紧急情况时在应急车道行驶或者停车。

● 高速公路上怎样才能防止走错出口？

在高速公路上行车时，走错出口"一步"，就可能会带来许多麻烦。因此，防止在高速公路上行车时走错出口，就显得尤为重要。

❶进入高速公路前，就熟悉沿途出口的位置、名称和编号，并记住自己准备驶出的出口名称和编号。

❷行车中，注意观察高速公路上的指示牌。在接近自己准备驶出的出口时，提前并入合适的行驶车道，适时切入自己要驶离高速公路的减速带进入出口。

❸即将到达驶离高速公路的出口之前，不要在超车道上行驶，更不能连续高速超车，避免由于正常行驶车道和右侧车道车辆过多，自己无法向右变更车道，只能向前开，眼睁睁地错过驶离高速公路出口的机会。

● 在高速公路、城市快速路上倒车、逆行、穿越中央分隔带掉头的处罚措施是什么？

处罚依据：《中华人民共和国道路交通安全法》第 90 条。

处罚措施：警告或者 20 元以上 200 元以下罚款。

● 高速公路、城市快速路的指路标志都有哪些?

高速公路、城市快速路指路标志的图形与含义

标志含义	标志图形	标志含义	标志图形
入口预告	G15 汕头 深圳 入口 2 km ↑	下一出口预告	下一出口 ⑮ 双营路 4 km
地点、方向	G2 天津 ↖ G3 济南 ↗	出口编号	出口 113
编号	国家高速 G2	右侧出口预告	出口 48 G324 云霄 常山 ↗
命名编号	国家高速 G2 京沪高速	左侧出口预告	左出口 32 前进路 G206 G8 ↖
路名	佛山一环	出口	出口 98 婺源 ↗
地点距离	璜塘 8 km G2 17 km 上海 25 km	出口地点方向	左出口 26 廊坊 ↖

29

续表

标志含义	标志图形	标志含义	标志图形
起点	G15	特殊天气建议速度	60 km/h
终点预告	G15 2 km	紧急电话	
终点提示	终点200m 减速慢行	电话位置指示	400m
终点	G15	救援电话	救援 1212
交通信息	1620 kHz 道路交通信息	不设电子不停车收费（ETC）车道的收费站预告	收费站 2 km
停车领卡	停车领卡	不设电子不停车收费（ETC）车道的收费站	收费站
车距确认	车距确认 前方200m	设有电子不停车收费（ETC）车道的收费站预告	ETC 收费站 2 km

标志含义	标志图形	标志含义	标志图形
设有电子不停车收费（ETC）车道的收费站		停车区预告	
电子不停车收费（ETC）车道指示		停车场预告	
计重收费		露天停车场	
加油站		室内停车场	
紧急停车带		爬坡车道	
服务区预告		超限超载检测站	

防扣分提示

　　高速公路车流量大且车速快，随意停车、倒车或者逆行影响过往车辆通行，极易引发道路交通事故。在高速公路上行驶，一旦发现走错路口时，不要慌张，应保持速度继续前行，在前行中找一个最近的出口或者服务区。在出口收费站几十米之前，有一个专供走错路口便于汽车掉头的口，可从这里返回高速公路，找到要去的出口。如果就近进入服务区内，一般服务区为左右对称布局，中间有一个联络隧道，只要开车穿过联络隧道进入对面服务区后，就可以驶出该服务区，沿路返回自己要去的出口。

7 买分卖分

交规规定

　　代替实际机动车驾驶人接受交通违法行为处罚和记分牟取经济利益的，一次记 12 分。

真实案例

河南首例买分卖分，三人被查处

2022 年 4 月 21 日，郑州市某交警支队在工作巡查中，发现一辆小型越野车 4 月 19 日、4 月 20 日的交通违法处理有些异常。交警依法传唤越野车的车主谭某某，其在百般狡赖之后，最终承认是通过"黄牛"买分卖分。4 月 28 日，交警将陈某某、王某（女）和李某某三人抓获，三人对买分卖分的事实供认不讳。根据规定，交警依法对"买分"的谭某某，处所支付经济利益 3 倍以下的罚款，恢复其机动车上的原交通违法行为和记分，同时依法撤销原行政处罚决定；对"卖分"的王某和李某某，处违法所得 3 倍以下最高不超过 5 万元的罚款，驾驶证一次记 12 分；对组织他人实施买分卖分牟取经济利益的陈某某，处违法所得 5 倍以下最高不超过 10 万元的罚款，驾驶证一次记 12 分；在最近的三个记分周期内，公安交管部门不再受理陈某某、王某和李某某三人"学法减分"的申请。

遵义卖分第一人，钱没到手就被抓

2022 年 4 月 1 日 15 时 30 分，遵义市某案件侦查大队交警对市内交通违法处理窗口开展监管巡查工作时，发现辖区内某政务中心一条异常违法处理数据。交警立即开展网上甄别，发现田某在处理一辆小型轿车非现场违法时有冒认他人违法行为的嫌疑，交警迅速赶到政务中心门口截获正打算乘车离开的田某。经查，11 时许，田某与一名男子（另案处理）电话联系，双方达成了由田某为该男子提供的车辆处理 8 分的交通违法，事后该男子向田某支付 550 元"卖分费用"的口头约定。15 时 30 分，田某被交警当场查获。根据规定，交警依法对田某"卖分"的违法行为处以驾驶证一次性记 12 分的处罚。因为田某在被查获时，并没有收到约定违法所得，所以在处罚决定中罚金部分依法最低处罚。

两男子通过"小广告"给同一辆车卖分，被记 12 分并罚款

2022 年 5 月 17 日 15 时 50 分，某车管业务大厅窗口来了一名中年男子，声称要处理牌号为苏 B×××××的小型普通客车名下违法。在处理过程中，工作人员发现行驶证有异常，便认真核实起来。就在这时，旁边窗口又来了一名中年男子，也要处理牌号为苏 B×××××的小型普通客车名下违法，同时还携带了行驶证，工作人员又发现了证件异常，于是迅速叫来增援交警。经查，

先到窗口的男子汪某是网友推荐他可以"卖分"赚钱，于是和别人商定以150元每分来处理车上6分违法，后到窗口的男子付某因为最近缺钱，便通过"小广告"与人商定以120元每分来处理车上7分违法。根据规定，交警依法对汪某和付某的驾驶证一次性记12分，并处相应罚金。

案·例·解·读

● 为什么要严厉打击买分卖分？

驾驶证买分卖分，实质上是把交通法规对违规者的处罚转移了，这不仅与驾驶证累积记分制度的设计初衷相违背，损害了交通法规的权威性和严肃性，而且容易助长"花钱消灾"的心理，无论对于"买者"还是"卖者"，都会形成对交通违规的"不以为然"心态，为道路交通安全埋下事故隐患。因此，新规对驾驶证记分的"买者"和"卖者"都做出了处罚规定，同时对受到相关处罚的机动车驾驶人，在"接受交通安全教育扣减交通违法行为记分的申请"方面做出限制，这就是要让板子"实锤"到违规者，让意图花钱抵消交规惩罚的驾驶人意识到自身行为的严重危害性，摒弃侥幸心理。

● 驾驶证"买分卖分"属于什么违法行为？

机动车驾驶证"买分卖分"行为是治安违法行为，行为名称是"提供虚假证言"。根据《违反公安行政管理行为名称释义与实务》中解释，"提供虚假证言"的行为包括代他人受过，承认他人实施的违法行为是自己所为，顶替他人接受处罚，影响公安机关依法办案的行为。根据《治安管理处罚法》第60条第2项规定，即"提供虚假证言，影响行政执法机关依法办案的，处5日以上10日以下拘留，并处200元以上500元以下罚款。"代替实际驾驶人记分处理的，就是提供虚假证言，处5日至10日拘留，200元以上500元以下罚款。

● 什么人需要买分？

社会上需要买分的人通常可分为两种：一种是新手；另一种是交通运输驾驶人。新手因为技术不娴熟，不知不觉中就可能违章了，当发现好不容易拿到的驾驶证又要重新考试时，他们通常都会选择买分；而交通运输驾驶人，虽然驾驶技术熟练，但"常在河边走，哪能不湿鞋"，毕竟，交通运输驾驶人记满12分就意味着失业。

● 卖分影响买车险和年审吗?

因为驾驶证的扣分是有记录的,如果你卖分给了别人,他们的违章记录就会在你的档案里显示,这会影响到日后你在交警部门的诚信记录,会严重影响到日后汽车的保险、年检和车管部门的审核,到时候因为之前卖分给他人的违章记录导致自己诚信的损失。

● 卖分后会承担法律责任吗?

因为代别人扣分时,系统就默认驾驶证所有人是违法处理人。也就是说,花钱买分的人如果在违章的同时,还出现了违法行为,例如肇事逃逸,那么驾驶证卖分的人有可能会因此承担相应的法律责任。

● 卖分影响更换驾驶证吗?

卖驾驶证分数可能影响驾驶证的更换,因为《中华人民共和国道路交通安全法》及其实施条例中明确规定:"机动车驾驶证的有效期为 6 年。机动车驾驶人在机动车驾驶证的 6 年有效期内,每个记分周期均未达到 12 分的,换发10 年有效期的驾驶证;在机动车驾驶证的 10 年有效期内,每个记分周期均未达到 12 分的,换发长期有效的机动车驾驶证。"

● 交警如何应对买分卖分?

为了杜绝驾驶证分数买卖,交警也做了一系列的工作。不仅对前来办理违章业务的驾驶人要求"人证一致",同时在违章办理窗口加入远程监管系统。驾驶人处理违章时,系统会对其进行现场拍照;交警进行证件等信息录入、核对;远程后台进行统一监管、文书制作。监管过程中,一旦发现资料不符或异常情况,系统就会发出预警。同时,交警将立刻对其进行调查取证。

● 买分卖分的处罚措施是什么?

处罚依据:《道路交通安全违法行为记分管理办法》第 30 条。

处罚措施如下。

❶ 机动车驾驶人请他人代为接受交通违法行为处罚和记分并支付经济利益的,由公安机关交通管理部门处所支付经济利益 3 倍以下罚款,但最高不超过5 万元;同时,依法对原交通违法行为做出处罚。

❷ 代替实际机动车驾驶人接受交通违法行为处罚和记分牟取经济利益的,由公安机关交通管理部门处违法所得 3 倍以下罚款,但最高不超过 5 万元;同时,依法撤销原行政处罚决定。

❸ 组织他人实施前两款行为之一牟取经济利益的，由公安机关交通管理部门处违法所得 5 倍以下罚款，但最高不超过 10 万元；有扰乱单位秩序等行为，构成违反治安管理行为的，依法进行治安管理处罚。

防扣分提示

处罚只是手段，绝非目的。新规的出台，有利于遏制和打击买分卖分违法行为，形成打击买分卖分违法行为长效机制，净化交通违法处理秩序。作为机动车驾驶人，一定要强化对交通法规的敬畏之心，从我做起，严禁买分卖分，更好地保障交通安全。

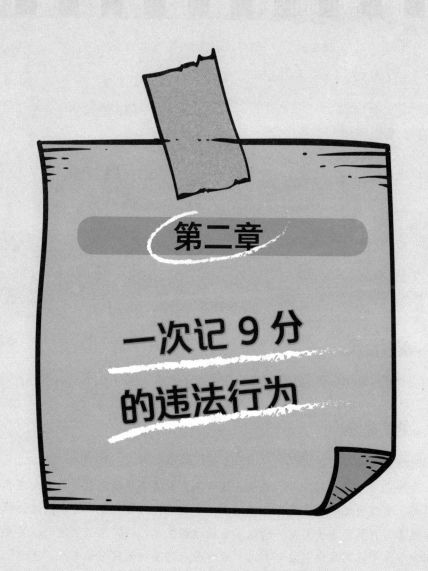

第二章

一次记 9 分
的违法行为

8 高速违停

交规规定

驾驶机动车在高速公路或者城市快速路上违法停车的，一次记9分。

真实案例

高速公路突然停车致7车相撞，司机被罚200元、记9分

2022年5月4日上午，吴女士驾车来到蓉遵高速泸州往成都方向连界停车区时，发现自己错过了连界收费站出口。这时，她直接把车停在高速公路小客车道上，打算停车查看具体情况。监控视频显示，当时车流量较大，吴女士所驾驶轿车停在同方向最左侧车道，后方驶来的7辆车因避让不及"连环"撞在一起。5月5日上午，辖区交警对吴女士进行了批评教育，并对她在高速公路上停车的违法行为处以罚款200元、记9分的处罚。

应急车道"打盹"被罚200元、记9分

2022年4月3日15时40分，某高速交警驾驶警车沿高速公路巡查时发现，一辆小客车停在应急车道内，车后没有设置警告标志。交警靠近该车，一边查

看情况一边敲着车窗，该车驾驶人这才从昏睡中醒来，并解释说是因为长时间驾车途中犯困，就想停下来休息一会。根据规定，交警依法对该驾驶人处以罚款 200 元、记 9 分的处罚。

应急车道停车打电话被罚 100 元、记 9 分

2022 年 5 月 9 日 15 时许，某交通中队交警在开展日常网络监控巡查中，发现水兴高速公路水城往盘州方向 17km+900m 处的应急车道上停着一辆白色小型客车。该车没有打开危险警告灯，也没有在来车方向设置警告标志，一位男子蹲在路边树荫下拨打电话。交警立即查询到车主电话号码，给对方拨打过去，通知驾驶人将"违停"车辆驾驶到前方 1km 处的发耳收费站旁的发耳中队接受处罚。几分钟后，驾驶人来到中队，解释说他是长期往来于六盘水和兴义之间的网约车司机，当时想拨打电话，但网约车内装有监控，且公司规定驾车时不得拨打电话，于是就把车停在应急车道内，下车到路边拨打电话了。根据规定，交警依法对驾驶人袁某某处以罚款 100 元、记 9 分的处罚。

"浪漫男"应急车道停车摘花献女友，被罚 200 元、记 9 分

2022 年 5 月 10 日，某高速交警在视频巡查时，发现一辆黑色轿车违停在高速公路的应急车道内。驾驶人下车后跨过隔离护栏，在路边采了一把野花，然后送给副驾驶座的女友。交警确认该驾驶人信息后，通知其到交警大队接受教育和处罚。根据规定，交警依法对"浪漫"的驾驶人处以罚款 200 元、记 9 分的处罚。

应急车道停车摘枇杷，驾驶人被罚 200 元、记 9 分

2022 年 5 月 15 日傍晚 6 时 50 分，某交通大队交警巡逻到许广高速公路广许向 342km 处时，看见一辆白色小型轿车停在应急车道内，驾驶人在路边摘着枇杷。交警上前询问，驾驶人张某解释说，他的妻子就住在附近，知道这里有枇杷树，最近家里有人咳嗽，妻子就让他上来摘一点枇杷带回去。根据规定，交警依法对驾驶人张某处以罚款 200 元、记 9 分的处罚。

快速路违停接电话，驾驶人被罚 200 元、记 9 分

2022 年 4 月 2 日 11 时 59 分，某交通大队交警在城市快速路巡逻时，发现

一辆白色轿车停在应急车道上，没有打开危险警告灯，也没有摆放任何警告标志。交警上前查看情况，发现轿车驾驶人正坐在车内打电话，于是引导驾驶人从匝道口驶下快速路。驾驶人解释说，自己临时有电话来了，就停在路边接听电话。根据规定，交警依法对驾驶人处以罚款200元、记9分的处罚。

高速违停找业务，驾驶人被罚200元、记9分

2022年4月18日，某高速交警巡逻到兴巴高速233km处时，发现一辆重型货车停在快到前方收费站的应急车道。交警立即上前，询问货车驾驶人基本情况后，将货车引导至收费站广场。驾驶人解释说，他停在应急车道，就是想联系一下看看和林格尔有没有运输业务，没有的话他就继续直行回家。根据规定，交警依法对高速违停的重型货车驾驶人处以罚款200元、记9分的处罚。

案·例·解·读

●什么情况可以在应急车道停车？

❶ 车辆发生故障或事故，继续行驶会严重危及自身和其他车辆安全，必须停车。

❷ 车上人员突发危及生命的疾病，需要立即停车抢救或立即送医治疗，被迫中途占用应急车道。至于"犯困在应急车道临时休息""更换驾驶人""设导航查地图"和"接打电话"以及"方便"等，这些情况都不属于"紧急"，不能在应急车道上临时停车，否则都属于违法行为。

● 在高速公路或者城市快速路上发生故障或交通事故时的规定是什么？

❶ 驾驶机动车在高速公路或者城市快速路上发生故障时，应迅速将车移至不妨碍交通的地方停放。

❷ 故障车难以移动时，要立即开启危险警告灯，在故障车来车方向150m以外设置警告标志，车上人员应迅速转移到右侧路肩上或者应急车道内，并迅速报警。

❸ 驾驶机动车在高速公路或者城市快速路上发生故障或者交通事故，无法正常行驶时，应当由救援车、清障车拖曳、牵引。

● 在高速公路或者城市快速路上处理突发情况的正确方法是什么？

❶ 正确停车：立即开启危险警告灯，将车辆驶入紧急停车带或右侧路肩停

下。如果车辆已失去动力，要利用惯性滑入紧急停车带；如果发动机已停止运转，可重新启动并利用启动时产生的动力将车辆挪入或推入紧急停车带。尽量将车辆停放在高速公路或者城市快速路的最外侧。

❷确保人员安全：车辆停放好后，车上人员应从路外侧的车门尽快离开车辆，转移到护栏外侧，不要在车内和车辆周围逗留，更不要在路上随意走动或拦截过往车辆求助。

❸警示其他车辆：打开危险警告灯的同时，按规定将故障车辆警告标志放置在来车方向150m外。

❹报警求助：如果出现无法自行处理的故障，或在夜晚、阴雨、雾霾等能见度较低的情况下出现故障，应立即撤离到护栏外侧，拨打110报警电话或12122高速公路报警求助电话。

● 营运客车在高速公路或者城市快速路上随意停车的危害是什么？

营运客车在高速公路或者城市快速路上随意停车，极易引发群死群伤的重大交通事故。特别是夜间，受视线等因素的影响，事故的发生率比白天要更高一些。而下车的乘客在穿越高速公路或者城市快速路时还有可能引发二次事故，这时营运客车驾驶人也要承担相应的责任。此外，营运客车由于停车仓促，容易发生追尾等交通事故，而未能正确及时摆放警告标志，还容易引发连环事故。营运客车在高速公路或者城市快速路上停车，还有可能是因为存在其他违法行为，比如超员等，在半路停车卸客以逃避执法部门的检查。

● 因故障在高速公路或者城市快速路车道内停车算违法停车吗？

机动车在高速公路或者城市快速路上发生故障或交通事故，导致车辆无法移动，不得不停在车道内，并按要求摆放警告标志的，不属于违法停车。如果车辆无故在高速公路或者城市快速路车道内停车，车辆出现故障能够移动但未移至应急车道或紧急停车带，以及车辆出现故障无法移动但未按要求摆放警告标志的，应认定为违法停车。

● 在高速公路或者城市快速路上违法停车的处罚措施是什么？

处罚依据：《中华人民共和国道路交通安全法》第90条。

处罚措施：警告或者20元以上200元以下罚款。

防扣分提示

驾驶机动车在高速公路或者城市快速路上行驶时，除遇到故障、发生事故等必须停车的情况外，不准随意停车。

❶ 在高速公路或者城市快速路上行驶时，一旦发生故障，应立即打开右转向灯，进入紧急停车带或路肩，同时松开加速踏板，使车辆逐渐减速并停车。不得在行车道上使用制动减速，不允许将车停在行车道上排除故障。

❷ 停车排除故障时，应打开危险警告灯，并在车后150m以外设置警告标志。夜间须打开示宽灯和尾灯，并通知高速公路或者城市快速路的管理部门。

❸ 故障排除重新起步时，打开左转向灯，在路肩上提高车速，等本车车速与车流速度相适应后，看清车流情况，适时进入行车道。

❹ 车辆因故障不能离开行车道，或者发生交通事故时，驾乘人员应迅速转移到右侧路肩上或者应急车道内，并迅速报警。

❺ 如果需要清除滚落、飞散在高速公路或者城市快速路上的货物时，要使用紧急电话请求有关部门协助清理。

9 无牌、污牌、遮挡号牌

交规规定

　　驾驶未悬挂机动车号牌或者故意遮挡、污损机动车号牌的机动车上道路行驶的，一次记 9 分。

真实案例

有车牌不挂放后备厢，驾驶人被罚 200 元、记 9 分

　　2022 年 5 月 3 日 17 时 8 分，某高速执勤交警在执法站执勤时，发现一辆无牌"大众"车从高速路上驶入执法站，交警立即示意该车靠边停车接受检查。检查中，驾驶人王某向交警出示了车辆的临时牌照，随后又出示了行驶证。交警询问王某时，他吞吞吐吐地表示车是租来的。王某的表现引起了交警怀疑，立即对该车做进一步检查，结果在车内发现了安装号牌专用的螺栓和固封装置。这时，王某才老实交代，他想着在高速公路超速驾驶车辆会被抓拍到，所以就没挂车牌。根据规定，交警依法对驾驶人王某处以罚款 200 元、记 9 分的处罚。

"耍小聪明"给车"戴口罩"，驾驶人被罚 200 元、记 9 分

　　2022 年 4 月 3 日 9 时许，某交通中队交警在佛江高速高赞出口发现一辆黑色小车的前车牌上竟然戴着口罩，车牌号被捂得严严实实。交警立即将该车截停，对违法行为进行取证，并对驾驶人周某进行询问。一开始，周某表示并不知情，交警表示可以进行调查，周某在心虚之下承认了故意遮挡号牌的事实。根据规定，交警依法对驾驶人周某处以罚款 200 元、记 9 分的处罚。

货车号牌磨损，驾驶人被罚 200 元、记 9 分

　　2022 年 4 月 20 日 10 时 10 分，某交通大队在辖区路段发现机动车道路上行驶的一辆重型自卸货车的号牌有些异常，立刻将该车拦下。经查，这辆赣D×××1 的重型自卸货车的前后号牌都被磨损，数字模糊不清，涉嫌故意污损机动车号牌。交警当场给驾驶人胡某开具了简易程序处罚决定书，扣留了该机动车，并告知胡某 15 日内到吉水县公安交警大队接受处理。根据规定，驾驶人胡某将被依法处以罚款 200 元、记 9 分的处罚。

案·例·解·读

● 什么情况才算"故意"遮挡号牌?

❶ 机动车号牌被布块、纸张、有机玻璃、薄膜、CD、赛车牌等遮挡。

❷ 机动车号牌被保险杠、梯子扶手、备用轮胎或车厢本身遮挡。

❸ 机动车号牌表面被油渍、砂土、灰尘、漆画、黏胶等物品覆盖导致无法识别。

❹ 因交通事故或长期使用自然磨损等原因造成车牌老化、掉色、断裂、被硬物刮损。

● 雨雪污垢弄脏号牌算故意遮挡号牌吗?

如果冬季雨雪天气频繁，车辆号牌沾满污渍后，驾驶人应当立即进行清理。如果车体干净，而只有号牌沾满污垢，这种情况属于故意遮挡号牌，交警将按照违法行为进行处罚。

● 机动车无牌污牌遮挡号牌的处罚措施是什么?

处罚依据: 《中华人民共和国道路交通安全法》第 90 条和第 95 条。

处罚措施: 上道路行驶的机动车未悬挂机动车号牌，或者故意遮挡、污损机动车号牌的，公安机关交通管理部门依法处警告或者 20 元以上 200 元以下罚款。

防扣分提示

机动车的号牌是该机动车取得上道路行驶权利的标志，也是发生道路交通违法行为或者发生交通事故后最好的确认违法者或者肇事车的证据线索。因此，机动车号牌应当按规定悬挂，并保持清晰和完整，不得故意遮挡和污损。

❶ 上道路行驶的机动车应当悬挂机动车号牌、车辆检验合格标志、机动车交通事故责任强制保险的保险标志，并随车携带行驶证。如果是尚未办理注册登记的机动车要通行道路，也必须有合法有效的临时通行证件，即移动证、临时号牌或试车号牌。

②驾驶机动车上道路行驶，应当具有机动车检验合格标志和保险标志。机动车检验合格标志、保险标志应当粘贴在机动车前窗右上角不影响安全驾驶的地方。

③按照规定悬挂机动车号牌。机动车生产时都留有悬挂号牌的固定位置，前后各一处，机动车号牌应当悬挂在车前、车后指定位置。重型、中型载货汽车及其挂车、拖拉机及其挂车的车身或者车厢后部应当喷涂放大的牌号，字样应当端正并保持清晰。

④号牌要清晰和完整。清晰，就是要求号牌要保持清洁，不得污损。清晰的标准，以一般人在正常范围内可以清楚分辨号牌的内容为要求；完整，就是要求号牌上记载内容的完整性，不得故意遮挡。

⑤任何单位和个人不得收缴、扣留机动车号牌。任何单位是指机关、企事业单位和其他组织，包括道路交通执法部门在内。不过，如果机动车悬挂的是伪造、变造或者挪用其他车辆的号牌，公安机关交通管理部门应当依法予以收缴。

10 准驾不符

交规规定

驾驶与准驾车型不符的机动车的，一次记 9 分。

真实案例

B2 证驾驶大客车被罚 2000 元、记 9 分

2022 年 5 月 5 日下午 14 时 37 分，某交警支队对一辆沿寿高路行驶至辖区路段的牌号为鲁 CN7××× 的大型普通客车进行检查。检查过程中，交警要求驾驶人出示证件时发现其神色慌张，并称忘记带驾驶证了。这一行为立即引起了交警的警觉，随即对其进行信息核查。经查，该车驾驶人孙某某持 B2 驾驶证，不具备驾驶大型客车的资质。根据规定，交警依法对孙某某处以罚款 200 元、记 9 分的处罚。

C1 证驾驶重型半挂车被罚 1500 元、记 9 分

2022 年 4 月 28 日 12 时许，某高速交警在对辖区过往车辆进行检查时，发现一辆辽 A 牌照的重型半挂货车驾驶人所出示的驾驶证为 C1 本，交警立即对其展开进一步核查。经询问得知，驾驶人吴某的父亲持有 A2 驾驶证，因为在下车时不慎将脚扭伤但又着急送货，所以吴某就替父亲驾驶车辆，父亲在一旁指导。根据规定，交警依法对吴某处以罚款 1500 元、记 9 分的处罚。

B2 证骑摩托车被罚 1000 元、记 9 分

2022 年 5 月 7 日，某交通大队民警在辖区开展夜查行动时，发现一名男子神色慌张地驾驶着一辆普通二轮摩托车准备变道行驶。执勤交警立即拦截，经查，驾驶人玉某某虽然持有 B2 大型货车驾驶证，但不包括其所驾驶的 E 型两轮摩托车驾驶证。根据规定，交警依法对玉某某处以罚款 1000 元、记 9 分的处罚。

C1 证骑摩托车被罚 250 元、记 10 分

2022 年 4 月 2 日下午，某交通大队铁骑中队交警在辖区路段开展整治行动时，发现驾驶人陈某某未戴头盔驾驶一辆牌号为湘 F××××8 的二轮摩托车上道路行驶。经查，陈某某仅持有 C1 驾驶证，没有摩托车驾驶资格，属准驾不符。根据规定，交警依法对陈某某准驾不符处以暂扣机动车、罚款 200 元、

记 9 分的处罚，对驾驶摩托车未戴头盔处以罚款 50 元、记 1 分的处罚，合并罚款 250 元、记 10 分。

D 证驾驶无牌四轮电动车，驾驶人被罚 1900 元、记 21 分

2022 年 4 月 1 日 15 时 40 分，刘某某驾驶无牌四轮电动车前往某交通中队处理交通事故。当交警靠近刘某某时，一股浓重的酒气袭来，交警立即对其进行酒精检测，经测试其血液酒精浓度为 67mg/100mL，属于饮酒后驾驶机动车。经查，刘某某只持有 D 类驾驶证，却驾驶四轮电动车，属于准驾不符。根据规定，交警依法对刘某某准驾不符处以罚款 200 元、记 9 分，对其饮酒后驾驶机动车处以罚款 1500 元、记 12 分，对其不按规定办理机动车登记处以罚款 200 元。

案·例·解·读

● 什么是准驾车型？

准驾车型就是驾驶证上载明的允许驾驶的车型。

● 准驾车型和代号都有什么？

准驾车型及代号

准驾车型	代号	准驾的车辆	准予驾驶的其他准驾车型
大型客车	A1	大型载客汽车	A3、B1、B2、C1、C2、C3、C4、M
重型牵引挂车	A2	总质量大于 4500kg 的汽车列车	B1、B2、C1、C2、C3、C4、C6、M
城市公交车	A3	核载 10 人以上的城市公共汽车	C1、C2、C3、C4
中型客车	B1	中型载客汽车（含核载 10 人以上、19 人以下的城市公共汽车）	C1、C2、C3、C4、M
大型货车	B2	重型、中型载货汽车；重型、中型专项作业车	

准驾车型	代号	准驾的车辆	准予驾驶的其他准驾车型
小型汽车	C1	小型、微型载客汽车以及轻型、微型载货汽车；轻型、微型专项作业车	C2、C3、C4
小型自动挡汽车	C2	小型、微型自动挡载客汽车以及轻型、微型自动挡载货汽车；轻型、微型自动挡专项作业车；上肢残疾人专用小型自动挡载客汽车	
低速载货汽车	C3	低速载货汽车	C4
三轮汽车	C4	三轮汽车	
残疾人专用小型自动挡载客汽车	C5	残疾人专用小型、微型自动挡载客汽车（允许上肢、右下肢或者双下肢残疾人驾驶）	
轻型牵引挂车	C6	总质量小于（不包含等于）4500kg的汽车列车	
普通三轮摩托车	D	发动机排量大于50mL或者最大设计车速大于50km/h的三轮摩托车	E、F
普通二轮摩托车	E	发动机排量大于50mL或者最大设计车速大于50km/h的二轮摩托车	F
轻便摩托车	F	发动机排量小于等于50mL，最大设计车速小于等于50km/h的摩托车	
轮式专用机械车	M	轮式专用机械车	
无轨电车	N	无轨电车	
有轨电车	P	有轨电车	

● "准驾不符"是否等于"无证驾驶"？

驾驶与驾驶证准驾车型不符的机动车，在性质上应当属于无证驾驶；在适用处罚上，依据过罚相当的原则，可以按照未取得驾驶证而驾驶机动车的处罚规定适当从轻处罚。

● 拥有汽车驾驶证可以驾驶摩托车吗？

如果拥有汽车驾驶证，但驾驶的却是非汽车类机动车，属于准驾不符，等同于无证驾驶。

● C1 驾驶证可以驾驶什么车型？

有人误以为持有 C1 驾驶证就只能驾驶手动挡轿车，其实不然。有了 C1 驾驶证，就能驾驶以下车型。

❶ 小型、微型载客汽车以及轻型、微型载货汽车。

❷ 轻型、微型专项作业车。

❸ 小型、微型自动挡载客汽车。

❹ 轻型、微型自动挡载货汽车。

❺ 低速载货汽车。

❻ 三轮汽车。

● C1 驾驶证能驾驶摩托车吗？

对于摩托车，持有 C1 驾驶证的人是不能驾驶的。如果持 C1 驾驶证骑摩托车被交警查到，驾驶证就会被记 9 分。C1 驾驶证准驾车型里面不包含摩托车，如果需要骑摩托车的话就应申请增驾，否则就是准驾不符。增驾之后，C1 驾驶证就会升级为 C1D 或者 C1E。

● 准驾不符的处罚措施是什么？

处罚依据：《中华人民共和国道路交通安全法》第 99 条第 1 项、第 2 项。

处罚措施如下。

❶ 未取得机动车驾驶证、机动车驾驶证被吊销或者机动车驾驶证被暂扣期间驾驶机动车的，处 200 元以上 2000 元以下罚款，可以并处 15 日以下拘留。

❷ 将机动车交由未取得机动车驾驶证或者机动车驾驶证被吊销、暂扣的人驾驶的，处 200 元以上 2000 元以下罚款，可以并处吊销机动车驾驶证。

防扣分提示

驾驶人需要驾驶某种类型的机动车，必须取得相应的准驾车型资格，驾驶车辆与准驾车型不符等同于无证驾驶。因此，开车上路，驾驶人要随身携带机动车驾驶证，按照驾驶证载明的准驾车型驾驶机动车。

11 无证驾驶校车

交规规定

未取得校车驾驶资格驾驶校车的，一次记9分。

真实案例

· 无证驾驶校车，驾驶人被罚3000元、记9分，负责人被罚20000元 ·

2022年5月30日17时5分，某交通大队交警巡逻到辖区红绿灯路段时，发现前方驶来一辆东风牌大型专用校车。执勤交警拦下校车进行例行检查，经查，该校车驾驶人简某并没有取得校车驾驶资格。根据规定，交警依法对驾驶人简某处以罚款3000元、记9分的处罚，对学校负责人江某某处以罚款20000元的处罚。

无证驾驶校车，驾驶人被罚1000元、记9分

2022年4月18日，某交通大队在辖区路段开展专项巡查工作，执勤交警发现一辆驶来的黄色校车形迹可疑，于是示意校车靠边停车接受检查。经查，这辆号牌为桂C×××32的校车为县城某幼儿园校车，系学校正规校车，但是驾驶人冯某并未取得校车驾驶资格。根据规定，交警依法对驾驶人冯某未取得校车驾驶资格驾驶校车的违法行为处以罚款1000元、记9分的处罚。同时，交警依法对幼儿园负责人进行严厉的批评教育，并要求立即整改。

案·例·解·读

● 取得校车驾驶资格的条件是什么？

❶取得相应准驾车型驾驶证并具有3年以上驾驶经历，年龄在25周岁以上、不超过60周岁。

❷最近连续3个记分周期内没有被记满12分记录。

❸无致人死亡或者重伤的交通事故责任记录。

❹无酒后驾驶或者醉酒驾驶机动车记录，最近1年内无驾驶客运车辆超员、超速等严重道路交通安全违法行为记录。

❺无犯罪记录。

❻身心健康，无传染性疾病，无癫痫病、精神病等可能危及行车安全的疾病病史，无酗酒、吸毒行为记录。

● 如何申请校车驾驶资格？

机动车驾驶人申请取得校车驾驶资格，应当向县级或者设区的市级公安机关交通管理部门提出申请，确认申请信息，并提交以下证明、凭证。

❶申请人的身份证明。

❷机动车驾驶证。

❸医疗机构出具的有关身体条件的证明。

公安机关交通管理部门自受理申请之日起5日内审查提交的证明、凭证，

并向所在地县级公安机关核查，确认申请人无犯罪、吸毒行为记录。对符合条件的，在机动车驾驶证上签注准许驾驶校车及相应车型，并通报教育行政部门；不符合条件的，应当书面说明理由。

● 无证驾驶校车的处罚措施是什么？

处罚依据：《校车安全管理条例》第 47 条。

处罚措施：机动车驾驶人未取得校车驾驶资格驾驶校车的，由公安机关交通管理部门处 1000 元以上 3000 元以下的罚款，情节严重的可以并处吊销机动车驾驶证。

防扣分提示

校车驾驶人资格的取得和审验相对普通驾驶人来说要严格得多，要符合多项条件才能申请校车驾驶资格。没有取得校车驾驶资格的驾驶人，请不要驾驶校车。

12 疲劳驾驶

交规规定

连续驾驶中型以上载客汽车、危险物品运输车辆超过 4h 未停车休息或者停车休息时间少于 20min 的，一次记 9 分；连续驾驶载货汽车超过 4h 未停车休息或者停车休息时间少于 20min 的，一次记 3 分。

真实案例

青海交警 10 天查处 135 起疲劳驾驶，驾驶人被记 9 分或 3 分

2022 年 4 月 25 日开始，青海省高速公路交警支队，为严防重特大道路交通事故发生，开展防疲劳驾驶专项工作。从 4 月 25 日至 5 月 5 日短短的 10 天时间里，共查处疲劳驾驶违法行为 135 起。按照新的记分规定，这些驾驶人将被记 9 分（中型以上载客汽车、危险物品运输车辆驾驶人）和 3 分（载货汽车驾驶人），罚款 20 ～ 200 元。

半挂车驾驶人凌晨疲劳驾驶犯迷糊，被罚 200 元、记 3 分

2022 年 5 月 9 日早上 6 时 43 分，某高速交警支队五大队指挥中心视频巡查发现，在 G25 长深高速杭州方向 2340km 附近处，有一辆小型轿车停在应急车道，两辆大型货车分别停在二三车道，只有第一车道勉强通行，后方已经开始缓行，指挥中心立即通知路段执勤交警和施救人员前往处置。交警到达现场后，发现虽然车损较为严重，但人员都无大碍，交警与随后赶到的施救人员一起将事故车辆拖到收费站。交警询问时，红色半挂车驾驶人王某说，凌晨 3 点不到，他就从合肥拉着一车快递前往富阳东洲岛，一路上都没有休息。当他驾车行驶到事故地点的时候，整个人开始犯迷糊，等到发现前面的车时已经离得很近了，只好往左猛打方向盘，结果就发生了事故。交警对该起事故进行处理，王某负事故的全部责任，并依法对其处以罚款 200 元、记 3 分的处罚。

连续驾驶货车近 8 小时，驾驶人被罚 200 元、记 3 分

2022 年 4 月 7 日上午，某交警支队在辖区路段开展春季道路交通违法整治行动。11 时许，一辆号牌为湘 N1××× 8 的重型自卸货车在进行例行检查时，交警发现驾驶人满脸倦意，神情慌张，经验丰富的交警随即调取了该车车载 GPS 行车记录仪。经采集，交警发现该车开始驾驶时间为 4 月 6 日 15 时 05 分，

结束时间为 4 月 6 日 23 时 02 分，连续驾驶近 8h，存在疲劳驾驶的交通违法行为。根据规定，交警依法对驾驶人处以罚款 200 元、记 3 分的处罚。

货车行驶记录仪被查，驾驶人被罚 200 元、记 3 分

2022 年 5 月 17 日，某高速公路交警大队在对辖区收费站一辆牌号为陕 AC××3 的大型厢式货车行驶记录仪检查时发现，行驶记录仪有一条未按规定休息的疲劳驾驶记录。驾驶人解释说，他为了赶时间送货，就心存侥幸上路行驶。根据规定，交警依法对驾驶人处以罚款 200 元、记 3 分的处罚。

"睡梦"中撞坏桥柱，驾驶人被罚 200 元、记 3 分并赔偿 7600 元

2022 年 5 月 3 日凌晨 4 时 40 分，某交警大队接到报警，称一位驾驶人在其辖区桥口，因驾驶的牌号为川 S61××× 的小型汽车撞上桥柱，出了车祸。接警后，交警立即赶到现场。经了解，该车驾驶人张某为开江县本地人，自述打了一个通宵麻将后驾车出行，当开了 2km 左右时实在太困，结果汽车就撞上了桥柱。根据规定，交警依法对张某驾驶小型汽车疲劳驾驶的交通违法行为处以罚款 200 元、记 3 分的处罚，同时还需对损坏的桥柱照价赔偿 7600 元。

案·例·解·读

● 什么是驾驶疲劳？

驾驶疲劳是指驾驶人在长时间连续行车后，产生生理机能和心理机能的失调，而在客观上出现驾驶技能下降的现象。

● 疲劳驾驶为什么容易引发事故？

驾驶人睡眠质量差或不足，长时间驾驶车辆，都容易出现疲劳。驾驶疲劳会影响到驾驶人的注意、感觉、知觉、思维、判断、意志、决定和运动等诸方面。疲劳后继续驾驶车辆，就会感到困倦瞌睡，四肢无力，注意力不集中，判断能力下降，甚至出现精神恍惚或瞬间记忆消失，出现动作迟误或过早，操作停顿或修正时间不当等不安全因素，极易发生交通事故。

● 驾驶人疲劳驾驶的行为有哪些？

❶ 轻度疲劳：驾驶人处于轻微疲劳时，就会出现换挡不及时、不准确等行为。

❷中度疲劳：驾驶人处于中度疲劳时，就会出现操作动作呆滞，有时甚至会忘记操作等行为。

❸重度疲劳：驾驶人处于重度疲劳时，往往会下意识操作或出现短时间睡眠现象，严重时会失去对车辆的控制能力，极易引发道路交通事故。

● 如何界定疲劳驾驶？

用于公路营运的载客汽车、重型载货汽车、半挂牵引车，国家有规定必须安装行驶记录仪。因此，交警在执勤时，可以对可疑车辆的行驶速度、连续驾驶时间以及其他行驶状态信息进行检查，发现违规的就可以按照相关规定进行处罚。不过，对单位公务用车、自备车辆，特别是小型客车，在疲劳驾驶方面的相关管理有不少缺位的地方，查控的难度比较大。如果驾驶人自己不承认的话，交警则很难确定。尤其是非营运车辆，驾驶人承认自己疲劳驾驶的少之又少。另外，疲劳驾驶除了和连续驾驶的时间长短有关外，还与人的体质、精神状态、生活饮食状况、睡眠多少、是否患病等因素密切相关。因此，如何认定疲劳驾驶，目前在国际上都没有一个统一的标准。

● 疲劳驾驶的处罚措施是什么？

处罚依据：《中华人民共和国道路交通安全法》第 90 条。

处罚措施：警告或者 20 元以上 200 元以下罚款。

防扣分提示

❶科学地安排行车时间，劳逸结合。注意行车途中的休息，连续驾驶时间不得超过 4h，连续行车 4h 必须停车休息 20min 以上；夜间长时间行车，应由 2 人轮流驾驶，交替休息，每人驾驶时间应在 2 ~ 4h 之间，尽量不在深夜驾驶。

❷注意合理安排自己的休息方式。驾驶车辆避免长时间保持一个固定姿势，可时常调整局部疲劳部位的坐姿和深呼吸，以促进血液循环。

❸保持良好的工作环境。行车中，保持驾驶室空气畅通，温度和湿度适宜，减少噪声干扰。

❹当开始感到困倦时，切勿继续驾驶车辆，应迅速停车，采取有效措施，适当地减轻和改善疲劳程度，恢复清醒。比如，用清凉空气或冷水刺激面部，喝一杯热茶，做弯腰动作，进行深呼吸等。

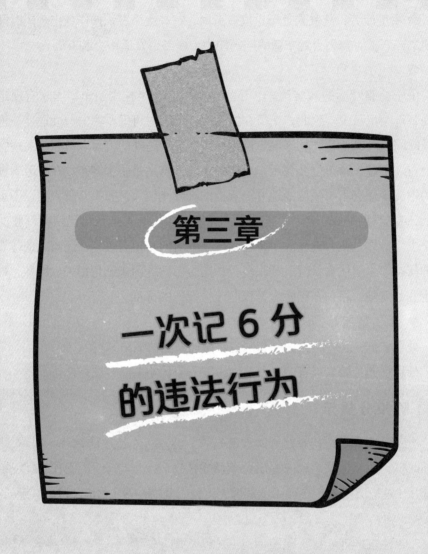

第三章

一次记 6 分
的违法行为

13 货车超载

交规规定

驾驶载货汽车载物超过最大允许总质量 50% 以上的，一次记 6 分；驾驶载货汽车载物超过最大允许总质量 30% 以上未达到 50% 的，或者违反规定载客的，一次记 3 分；驾驶载货汽车载物超过最大允许总质量未达到 30% 的，一次记 1 分。

真实案例

● 10 辆货车组团超载，10 位驾驶人均被罚 500 元、记 6 分 ●

2022 年 5 月 2 日 10 时许，某公安交通管理局和某交通运输综合执法支队组成的"打非治违"联合整治小组，在 G552 国道辖区路段开展流动巡逻时，发现多辆大型自卸货车停靠在路边。细心的交警发现部分货车轮胎明显下沉，涉嫌超载超限。整治小组逐一对货车驾驶人进行询问，并检查载货磅单，结果

10辆载煤的货车均超载50%以上。根据规定，交警依法对10位货车驾驶人均处以罚款500元、记6分的处罚，并责令卸载整改。

货车车厢拉了5名工人，驾驶人被罚1000元、记3分

2022年4月15日18时许，某交通中队民警在辖区开展流动巡逻任务时，发现一辆轻型货车的后车厢坐了许多人，并且没有任何防护设施，非常危险，交警立即示意驾驶人靠边停车接受检查。经查，驾驶室坐了2人，后车厢坐了5人。经询问得知，车上人员都是一起的，为图省钱和方便就一起乘坐这辆货车去干活。交警当场对驾乘人员不顾安全的行为进行严厉的批评教育，并责令转运乘客。根据规定，交警依法对驾驶人处以罚款1000元、记3分的处罚。

货车超载26%，驾驶人被罚200元、记1分

2022年5月1日14时许，李某某驾驶一辆牌号为桂D×××6的重型自卸货车行驶到新藤线55km处时，交警示意该车靠边停车接受检查。经查，该车核定载质量31000kg，而过磅时总质量为39430kg，超过核定载质量达26%，属于严重超载。根据规定，交警依法对驾驶人李某某处以罚款200元、记1分的处罚。

案·例·解·读

● 超载的危害有多大？

研究发现，当汽车轴载超过标准载一倍时，行驶公路一次，相当于标准车辆行驶沥青路面256次，行驶水泥混凝土路面65536次，而且核定载质量越大的车辆，超载对公路的破坏越严重。据专家介绍，一条设计使用15年的公路，如果行驶车辆超载一倍，其使用年限将缩短90%，即只能使用一年半。许多投入巨额资金建成的公路，由于超载车辆碾压，路面早早就出现龟裂、坑槽、沉陷、翻浆、车辙、桥梁铺装破碎、板体断裂等病害，每年都要投入巨额资金进行维修。有关专家计算超载者每获利1000元，国家就相应损失6000元，还不算超载造成国家大量应收税费的流失。同时，由于超载，车辆控制能力降低，容易导致交通事故发生。超载还会对公路造成破坏，使车辆行驶速度受到影响，

一些超载车辆常常超低速"爬行",大大影响了公路运输能力的发挥,降低了车辆运输效率。

● 为什么超载屡禁不止?

超载屡禁不止,首先在于有关部门的"不作为",以致"养虎遗患"。初始阶段,有关管理部门对超载现象的置若罔闻,使违规者大获其利,奉公守法者吃亏,于是正规厂家也干起了大吨小标的营生,各种所谓"某某王"的车型便因此应运而生,终于酿成了今日的局面。这些正规厂家生产规模大,技术水平高,企业信誉好,他们参与进来,不仅使超载向规模化、规格化发展,而且使肇事者从心理上产生一种合法化的感觉,更加堂而皇之,因此对社会的危害也就特别严重。

● 货车车厢载客的危害是什么?

货车车厢载客是一种非常严重和危险的交通违法行为,特别是车辆在高速行驶的过程中,一个转弯或者一个紧急制动都很有可能把车厢里的乘客抛出车外,极易酿成人员伤亡的悲剧。

● 货车超载和违反规定载客的处罚措施是什么?

处罚依据:《中华人民共和国道路交通安全法》第92条第2款。

处罚措施:货运机动车超过核定载质量的,处200元以上500元以下罚款;超过核定载质量30%或者违反规定载客的,处500元以上2000元以下罚款,并由公安机关交通管理部门扣留机动车至违法状态消除。运输单位的车辆,经处罚不改的,对直接负责的主管人员处2000元以上5000元以下罚款。

防扣分提示

作为货车驾驶人,注意不要超载行驶或者违反规定载客,一来危险,二来很容易被扣分和罚款。

14 不按规定载运危险品

交规规定

驾驶机动车载运爆炸物品、易燃易爆化学物品以及剧毒、放射性等危险物品，未按指定的时间、路线、速度行驶或者未悬挂警示标志并采取必要的安全措施的，一次记 6 分；驾驶机动车运输危险化学品，未经批准进入危险化学品运输车辆限制通行的区域的，一次记 6 分。

真实案例

大型危化品运输车在勉县境内超速，驾驶人被罚 200 元、记 6 分

2022 年 5 月 7 日 5 时 37 分，勉县交通大队"321"平台发出预警：一辆牌号为豫 JB×××× 的大型危化品运输车在勉县境内 108 国道千米桩号 K1661+500m 处发生超速，车速为 76km/h，而该路段限速为 60km/h，超速 26.7%，时长 2min。指挥中心立即通知辖区某中队组织拦截，拦截成功后当场对驾驶人进行教育，并依法处以罚款 200 元、记 6 分的处罚。

危化品车辆闯 "禁区"，高速巡检除隐患

2022 年 5 月 23 日 9 时 12 分，某高速公路巡检员在日常巡检途中发现，在台金高速台州方向 K133 接近苍岭隧道西洞口广场处有一辆大货车在前方行驶。巡检员确认大货车为危化品车辆且非空载后，立即报告给监控室和分中心并拉响警报，在该车后方做好安全预警措施，最终在苍岭隧道西洞口处劝停该车并引导至广场安全区域。驾驶人老陈解释说，他准备前往台州去交货，因不了解台州高速的危化品车辆禁行路段情况，没有注意沿途的禁行标志牌才发生了误闯禁行路段事件。最终，在高速交警的引导和高速巡检的预警下，该车安全通过禁行路段。根据规定，驾驶人老陈将面临罚款 20 ~ 200 元、记 6 分的处罚。

案·例·解·读

● 什么是危险货物？

危险货物是指符合《危险货物分类和品名编号》（GB 6944）分类标准，并列入《危险货物品名表》（GB 12268）的，具有爆炸、易燃、毒害、感染、腐蚀、放射性等危险特性，需要满足一定的运输条件后方可运输的物质或物品。危险货物主要关注的是在运输环节暴露出危害，分为 9 类。

● 什么是危险化学品？

危险化学品是指列入《危险化学品目录》的，具有毒害、腐蚀、爆炸、燃烧、助燃等性质，对人体、设施、环境具有危害的剧毒化学品和其他化学品。

● 危险化学品是否一定就是危险货物？

根据《联合国关于危险货物运输的建议书规章范本》等国际规则，危化品并不一定是危险货物，并非一定要按危险货物管理体系运输。如果一种物质是危险化学品，但达不到关于危险货物相关标准，它就可能不是危险货物，应该可以按照普通货物进行运输。

● 什么是危险品运输？

危险品运输是特种运输的一种，是指专门组织或技术人员对非常规物品使用特殊车辆进行的运输。一般只有经过国家相关职能部门严格审核，并且拥有能保证安全运输危险货物的相应设施设备，才能有资格进行危险品运输。

● 危险品运输的驾驶人该怎样安全操作？

❶ 从事运输危险品的驾驶人必须具有高度的责任感和事业心，牢固树立对

国家企业和人民生命财产负责的责任性。

❷从事危险品运输的驾驶人必须持有公安消防部门核发且在有效期内的"危险运输证"，并严格按照公安消防部门指定的路线行驶。

❸运输化学、危险品要事先掌握货物的性能和消防、消毒等措施，对包装容器、工具和防护设备要认真进行检查，严禁危险品漏散和车辆带病运行。

❹在运输、停靠至危险区域时，不准吸烟和使用明火。

❺凡危险品的盛装容器，发现有渗漏、破损等现象，在未经改装和采取其他安全措施之前，易引起氧化分解、自燃或爆炸现象，应立即采取自救，向领导、厂方、当地消防部门报告，尽快妥善处理解决。

❻在炎热的夏季，易燃危险品应在上午10时前、下午3时后运输。

❼严禁将有抵触性能的危险品混装在一起运输。各种机动车进入危险品库区、场地时，应在消声器上装备阻火器后，方能进入。

❽装运危险品的车辆不准停在人员稠密、集镇、交通要道、居住区等地方，不准将载有危险品的车辆停放在本单位车间、场内。如果确因装卸不及、停车或过夜修理等，应向领导或负责值班的人员报告，采取必要的防护措施。

❾危险品运输的车辆，应及时进行清洗、消毒处理。在清洗、消毒时，应注意危险品的性质，掌握清洗、消毒方法，防止污染、交叉反应或引起中毒等事故发生。

❿凡装运危险品的车辆需过渡口时，应自觉报告渡口管理部门，遵守渡口管理规定。

⓫装运危险品的车辆，应配备一定的消防器材、急救药品、黄色三角旗或危险品运输车辆标志等。

⓬危险品运输驾驶人除遵守上述安全操作规程外，还需遵守汽车驾驶人的安全操作规程。

● 私家车运油漆违法吗？

《道路危险货物运输管理规定》第57条第1项规定：未取得道路危险货物运输许可，擅自从事道路危险货物运输的，有违法所得的没收违法所得，处违法所得2倍以上10倍以下的罚款；没有违法所得或者违法所得不足2万元的，处3万元以上10万元以下罚款；构成犯罪的，依法追究刑事责任。油漆属于危险物品中的第三类，就是易燃易爆物品。也就是说，私家车主偷偷运几桶油漆回家或免费帮朋友捎回家，一旦被查实，将面临 3 万元以上的重罚。

● 买几桶油漆该如何运输？

购买油漆，最好到正规油漆门店购买，而且选择商家送货上门。一般正规油漆厂都有专门配送车，如果数量少，油漆厂会收取一定运输费，如果量大还可以免费配送。

● 私家车运输烟花爆竹的危害是什么？

利用私家车运输烟花爆竹，看似方便，但却潜藏着极大的危险。烟花爆竹经过来回搬动，里面的火药很容易泄漏出来，汽车在行驶的过程中产生的静电一旦引燃火药，极有可能发生爆炸事故，危及人身安全。因此，为了自身和他人的人身安全，在运送大量烟花爆竹时，请尽量选择正规烟花爆竹店的专业车辆运送。

● 私家车运输多少危险品属于违法？

很多私家车的驾驶人都想知道，具体规定运输多少危险品属于违法。对此，运管部门表示，现行法律规定，只要运输了危险品就违法，没有数量限制。

● 什么是非法载运危险货物？

有下列情形之一的，可以认定为非法载运危险货物。

❶ 未取得道路危险货物运输许可，擅自从事道路危险货物运输的。

❷ 使用失效、伪造、变造、被注销等无效道路危险货物运输许可证件从事道路危险货物运输的。

❸ 超越许可事项，从事道路危险货物运输的。

❹ 非经营性道路危险货物运输单位从事道路危险货物运输经营的。

● 非法载运危险货物和载运危险货物交通违法的处罚措施是什么？

处罚依据：《道路危险货物运输管理规定》第 56 条，《中华人民共和国道路交通安全法》第 90 条。

处罚措施如下。

❶ 非法载运危险货物：有违法所得的，没收违法所得，处违法所得 2 倍以上 10 倍以下的罚款；没有违法所得或者违法所得不足 2 万元的，处 3 万元以上 10 万元以下的罚款；构成犯罪的，依法追究刑事责任。

❷ 载运危险货物交通违法：载运危险货物违反道路交通安全法律、法规关于道路通行规定的，处警告或者 20 元以上 200 元以下罚款。另有规定的，依照规定处罚。

● 禁止运输危险品车辆驶入的标志是什么？

标志图形	标志名称	标志含义
	禁止运输危险品车辆驶入	表示禁止运输危险品车辆驶入

防扣分提示

从事运输危险品的驾驶人必须具有高度的责任感和事业心，牢固树立对国家企业和人民生命财产负责的责任心，在必须持有公安消防部门核发且在有效期内的"危险品运输证"时才能从事危险品运输。

15 违法超限运输

交规规定

驾驶机动车运载超限的不可解体的物品，未按指定的时间、路线、速度行驶或者未悬挂警示标志的，一次记6分。

真实案例

非法超限运输车在高速公路"卡"桥，驾驶人被罚3000元

2022年5月14日7时20分，某高速公路执法人员接报称，G50沪渝高速公路辖区立交桥下匝道有两辆超高的超限车无法过桥，造成交通堵塞。执法人员迅速赶到现场，发现两辆超高车被"卡"在辖区立交桥下匝道，进退不得。经过调查，这两辆超限车从两江收费站进入高速公路运载大型运储罐准备到晏家，超限证上办理高度为4.49m，实测车货高度为5.03m。到达晏家时，车辆无法通过限高5m的晏家立交桥，驾驶人只得停驶在左侧车道内，造成后方车辆缓行，而此路段恰好处于下坡弯道，加上大雨天气，极易引发事故。最终，两辆超限车倒行至主线，经前方5km的古佛收费站驶离高速公路。根据《超限运输车辆行驶公路管理规定》第43条，执法人员依法对两辆车的驾驶人均处以3000元罚款的行政处罚。

超限运载时未按规定采取安全护送措施，驾驶人被罚3000元

2022年4月5日，张某某驾驶一辆牌号为鲁US56××的大件运输车辆，行驶到京港澳高速鹤壁服务区时，被交通运输执法人员查扣。经查，该车隶属于山东青岛某运输公司，载运不可解体物品，车货总长度26.2m、总宽度4.25m、总高度4.9m，车辆外廓尺寸超限、未按规定采取安全护送措施。依据《超限运输车辆行驶公路管理规定》，交通运输局依法给予驾驶人张某某罚款3000元的行政处罚。

"大车小证"违法超限运输，驾驶人被罚3000元

2022年4月13日，位某驾驶一辆牌号为豫GE21××的大件运输车辆，行驶到某超限检测站时被交通运输执法人员查扣。经查，该车隶属于新乡市某运输公司，载运不可解体物品，车货总长度19m、总宽度4m、总高度4.3m，实际许可车货总长度18m、总宽度2.5m、总高度4m，车辆实际外廓尺寸与许可不一致，属于"大车小证"违法运输。依据《超限运输车辆行驶公路管理规定》，新乡市交通运输局依法给予驾驶人位某罚款3000元的行政处罚。

案·例·解·读

● 什么是超限？

超限是指货运车辆的载货长度、宽度、高度和载货质量超过规章制度规定的限度。为加强对超限运输车辆公路行驶的管理，维护公路完好，保障公路安全畅通，《超限运输车辆行驶公路管理规定》明确规定了运输车辆的长度、宽度、高度和车货总质量，在车辆超过此标准时称为超限。

● 什么是违法超限运输？

《超限运输车辆行驶公路管理规定》第 47 条规定，大件运输车辆有下列情形之一的，视为违法超限运输：

❶ 未经许可擅自在公路行驶的。

❷ 车辆及装载物品的有关情况与《超限运输车辆通行证》记载的内容不一致的。

❸ 未按许可的时间、路线、速度在公路行驶的。

❹ 未按许可的护送方案采取护送措施的。

● 超载和超限的区别是什么？

超载一般是超过车辆设计装载能力，由交警处罚；超限是超过公路的设计承载受力，由公路管理机构处罚。超载不一定超限，超限不一定超载，但大部分是先超载后超限。

● 违法超限运输的处罚措施是什么？

处罚依据：《超限运输车辆行驶公路管理规定》第 43 条。

处罚措施：车辆违法超限运输的，由公路管理机构根据违法行为的性质、情节和危害程度，按下列规定给予处罚。

❶ 车货总高度从地面算起未超过 4.2m、总宽度未超过 3m 且总长度未超过 20m 的，可以处 200 元以下罚款；车货总高度从地面算起未超过 4.5m、总宽度未超过 3.75m 且总长度未超过 28m 的，处 200 元以上 1000 元以下罚款；车货总高度从地面算起超过 4.5m、总宽度超过 3.75m 或者总长度超过 28m 的，处 1000 元以上 3000 元以下的罚款。

❷ 车货总质量超过以下规定的限定标准，但未超过 1000kg 的，予以警告；超过 1000kg 的，每超 1000kg 罚款 500 元，最高不得超过 30000 元。限定

标准的认定：a.二轴货车，其车货总质量超过 18000kg；b.三轴货车，其车货总质量超过 25000kg，三轴汽车列车其车货总质量超过 27000kg；c.四轴货车，其车货总质量超过 31000kg，四轴汽车列车，其车货总质量超过 36000kg；d.五轴汽车列车，其车货总质量超过 43000kg；e.六轴及六轴以上汽车列车，其车货总质量超过 49000kg，其中牵引车驱动轴为单轴的，其车货总质量超过 46000kg。需要注意的是，有前款所列多项违法行为的，相应违法行为的罚款数额应当累计，但累计罚款数额最高不得超过 30000 元。

防扣分提示

超限车辆上路前，应在当地交通局办理《超限运输通行证》并悬挂明显标志，按公路管理机构核定的时间、路线和速度行驶。承运人不得涂改、伪造、租借、转让《超限运输通行证》。每张通行证只适用于一次运输，当本次运输结束时通行证即作废。

16 闯灯

交规规定

驾驶机动车不按交通信号灯指示通行的，一次记6分。

真实案例

大货车"蛇行"闯红灯，驾驶人被罚100元、记6分

2022年5月7日18时30分，交警在视频巡查中发现一辆牌号为赣CC××××的大货车在辖区路段交叉口"蛇形"走位绕过信号灯。交警根据视频监控立即开展调查，利用监控数据进行证据锁定，联系并告知货车驾驶人到交警大队接受处罚。5月8日，交警依法对该名驾驶人处以罚款100元、记6分的处罚。

闯黄灯被罚200元、记6分，驾驶人心里很不服

2022年4月26日，《扬子晚报》官方账号报道：家住南京某地的邱某，称自己驾车经过延祥路与若水路路口时，因疏忽大意闯黄灯被交警罚款200元并记6分。邱某认为自己并没有闯红灯，不应该被罚，于是向12345投诉交警乱执法。接到投诉后，交警中队立即着手核查，通过视频查看再次确认，邱某在将要到达此路口时，黄灯已经在闪烁，但邱某并没有减速，反而加速越过停止线通过该路口。根据规定，黄灯亮时，未越过停止线的车辆要停止通行。因此，交警的处罚并无违规之处。

白色轿车遮挡号牌连闯6个红灯，驾驶人被罚1400元、记45分

2022年5月20日上午，某地交警进行视频巡查时，发现一辆白色轿车故意遮挡号牌且连闯6个红灯。监控画面显示：19日5时35分，该车在辖区某路口闯红灯；5时36分，在辖区第二个路口闯红灯；5时37分，在第三个路口、第四个路口借用右转专用道继续闯红灯；5时40分，在S319省道于辖区第五个路口闯红灯；5时42分，在S319省道于辖区第六个路口闯红灯。当天晚上，交警对涉事车辆布控，将正驾驶车辆的王某某拦停。根据规定，交警依法对王某某故意遮挡号牌罚款200元、记9分，对6次闯红灯罚款1200元、记36分，合并罚款1400元、记45分。

案·例·解·读

● 交通信号灯的种类有哪些?

交通信号灯由红灯、绿灯、黄灯组成。红灯表示禁止通行,绿灯表示准许通行,黄灯表示警示。交通信号灯分为机动车信号灯、非机动车信号灯、人行横道信号灯、车道信号灯、方向指示信号灯、闪光警告信号灯、道路与铁路平面交叉道口信号灯。

● 机动车信号灯

机动车信号灯是由红色、黄色、绿色三个无图案圆形单元组成的一组灯,指导机动车通行。

❶绿灯亮时:准许车辆通行,但转弯的车辆不得妨碍被放行的直行车辆、行人通过。

❷黄灯亮时:已越过停止线的车辆可以继续通行。

❸红灯亮时:禁止车辆通行。不过,右转弯的车辆在不妨碍被放行的车辆、行人的情况下,可以通行。

● 非机动车信号灯

非机动车信号灯是由红色、黄色、绿色三个内有自行车图案的圆形单元组成的一组灯,指导非机动车通行。

❶绿灯亮时:准许车辆通行,但转弯的车辆不得妨碍被放行的直行车辆、行人通过。

❷黄灯亮时:已越过停止线的车辆可以继续通行。

❸红灯亮时:禁止车辆通行。在未设置非机动车信号灯的路口,非机动车和行人应当按照机动车信号灯的表示通行。

● 人行横道信号灯

人行横道信号灯是由内有红色行人站立图案和内有绿色行人行走图案组成的一组信号灯,指导行人通行。

❶绿灯亮时:准许行人通过人行横道。

❷红灯亮时:禁止行人进入人行横道,但是已经进入人行横道的,可以继续通过或者在道路中心线处停留等候。

● 车道信号灯

车道信号灯是由叉形图案和箭头图案组成的信号灯，指导本车道内车辆按指示通行。

❶ 绿色箭头灯亮时：准许本车道车辆按指示方向通行。

❷ 红色叉形灯或者箭头灯亮时：禁止本车道车辆通行。

● 方向指示信号灯

方向指示信号灯是由红色、黄色、绿色三个内有箭头图案组成的一组灯，用于指导机动车按指示方向通行。

❶ 箭头方向向左：表示左转。

❷ 箭头方向向上：表示直行。

❸ 箭头方向向右：表示右转。

● 闪光警告信号灯

闪光警告信号灯为持续闪烁的无图案黄灯，提示车辆和行人通过时注意瞭望，确认安全后通过。闪光警告信号灯一般设置在危险路段以及车流量少的路口，以提醒车辆和行人注意，在确保安全的情况下通行。该信号灯也是夜间使用的一种警用信号，在夜间其他指挥灯停止指挥交通后，利用其中的黄灯来警示车辆和行人。

道路与铁路平面交叉道口信号灯

道路与铁路平面交叉道口信号灯是设置在道路与铁路相交路口的两个或一个红色信号灯，用于指导车辆和行人通行。

❶ 两个红灯闪烁或者一个红灯亮时：表示禁止车辆、行人通过。

❷ 红灯熄灭时：表示允许车辆、行人通过。

● "九宫格"式信号灯的通行规则是什么？

"九宫格"式信号灯是红绿灯的一种特殊组合，仅适用于极少数复杂路口，以减少人车冲突，保障安全畅通。

● 避免"抢黄灯"的方法是什么？

黄灯亮时，只要机动车车身任何一部分已越过停止线的，车辆可继续通行，不认定为闯黄灯，未越过停止线的车辆要停止通行。在车辆正常行驶过程中，只要驾驶人注意力集中，与前车保持安全距离，行经交叉路口时减速慢行、谨慎驾驶，"抢黄灯"是可以避免的。

● "抢黄灯"记分吗?

"抢黄灯"的行为,属于违反道路交通信号灯通行,对驾驶人处以警告或者 20 元以上 200 元以下罚款并记 6 分的处罚。

● 为什么"闯灯"要扣 6 分?

违反道路交通信号灯通行的违法行为,严重扰乱道路交通秩序,不仅危害大,而且导致交通事故的概率和导致人员死伤的概率高,一直以来是公安机关交通管理部门管控的重点交通违法行为。新交规对违反道路交通信号灯通行的驾驶人一次记 6 分,就是为进一步提高违法成本,有效警示驾驶人。

● 闯两次红灯就会被吊销驾驶证吗?

闯两次红灯达到 12 分属于累计记分达到满分,公安机关交通管理部门将扣留驾驶证,驾驶人要参加道路交通安全法律、法规学习并接受考试。考试合格的,记分消除,发还驾驶证;考试不合格的,继续参加学习和考试。因此,闯两次红灯就会被吊销驾驶证的说法不正确。

● 被误拍闯红灯能撤消罚单吗?

有时候,早晚高峰时期或者突发事故的情况下,由于交通拥堵,可能会有交警现场指挥交通。如果交警的指挥手势与交通信号灯不一致,这时应按照交警指示行车,"电子警察"是不会抓拍的。如有误拍,申诉后交通管理部门会撤销罚单。

● 误闯红灯能撤消罚单吗?

由于红绿灯故障,比如只亮红灯不亮绿灯等,或是由于地面标线模糊,驾驶人看到红灯后压线而停。这种情况属于误闯,可以留取证据后向交通管理部门申请撤销罚单。

● 紧急救人闯红灯会被记分吗?

根据《道路交通安全违法行为处理程序规定》(公安部令第 105 号),有证据证明救助危难或者紧急避险造成的,可消除违法记录。如果驾驶人为紧急救人闯红灯,可出具两份书面证明联系交通管理部门消除违章记录:一份是被救者的书面说明;另一份是医院开具的在事发时段接纳此患者的证明。不过,交通管理部门并不提倡私家车"交通违法救人"行为,因为私家车在路口闯红灯是相当危险的。

● 违反交通信号灯规定后被处罚可以申请撤消罚单的情形有哪些？

❶ 避让警车、消防车、救护车、工程抢险车执行紧急任务的。

❷ 机动车被盗抢期间发生的。

❸ 有证据证明救助危难或者紧急避险造成的。

❹ 现场已被交通警察处理的。

❺ 因交通信号指示不一致造成的。

❻ 记录的机动车号牌信息错误的。

❼ 因使用伪造、变造或者其他机动车号牌发生违法行为造成合法机动车被记录的。

❽ 其他应当消除的情形。

● 不按交通信号灯指示通行的处罚措施是什么？

处罚依据：《中华人民共和国道路交通安全法》第 90 条。

处罚措施：警告或者 20 元以上 200 元以下罚款。

● 注意信号灯的标志是什么？

标志图形	标志名称	标志含义
	注意信号灯	用以警告车辆驾驶人注意前方路段设有信号灯，应依信号灯指示行车

防扣分提示

驾驶机动车上路行驶，一定要遵守交通信号灯的指示，切莫抢黄灯、闯红灯，更不要抱有侥幸心理，有时候就是因为一次疏忽大意造成了不可挽救的后果。希望广大机动车驾驶人，能够遵守交通法律法规，做到文明驾驶，平安出行。

17 扣证后驾车

交规规定

机动车驾驶证被暂扣或者扣留期间驾驶机动车的，一次记 6 分。

真实案例

驾驶证被暂扣仍开车，驾驶人被罚 1000 元、记 6 分

2022 年 4 月 16 日 17 时 30 分，某高速交警支队接到预警：一辆行驶在 G80 广昆高速辖区路段的桂 A 牌号小型普通客车涉嫌交通违法。经查，该车车主陆某的 C1 驾驶证累计记分达到 16 分，且该车有多项交通违法行为未处理。随后，交警将该车引导至田东收费站出口检查，发现该车驾驶人正好是车主陆某本人。经进一步调查，陆某曾于 2022 年 3 月饮酒后驾驶机动车，被田东县交警大队查获，驾驶证被暂扣 6 个月，目前驾驶证处于被扣留状态。根据规定，陆某将面临罚款 1000 元、记 6 分的处罚。

"失驾人员"上路被查处，面临罚 1000 元、记 6 分和拘留

2022 年 4 月 18 日，交警发现"失驾人员"熊某驾驶一辆牌号为桂 C90×××的轿车在辖区内行驶。交警驾车一边跟踪，一边呼叫前方警力做好设卡拦截准备，最终将熊某所驾车辆拦停。交警通过警务通人脸识别，确认嫌

疑车辆所有人系"失驾人员"熊某后，依法暂扣了车辆。据悉，熊某曾于2021年10月22日因饮酒驾车被交警查获后处以罚款1000元、记12分、暂扣驾驶证6个月（暂扣至2022年4月21日）的处罚。根据规定，"失驾人员"熊某因在驾驶证被暂扣期间驾驶机动车，将被依法处以罚款1000元、记6分并处15日以下行政拘留的处罚。

案·例·解·读

● 什么是"失驾人员"？

所谓"失驾"，主要是指当事人由于各种原因造成驾驶证被暂扣、注销、吊销，导致不具备合法驾驶机动车的资格。这些驾驶证被暂扣、注销、吊销的车主，通常被人们称为"失驾人员"。

● "扣留"和"暂扣"驾驶证的区别是什么？

❶ 扣留驾驶证：这是一种强制措施。在现场执法时，交警认为应当对道路交通违法行为人给予暂扣或者吊销机动车驾驶证处罚的，可以先予扣留机动车驾驶证，交警会现场开具强制措施凭证。

❷ 暂扣驾驶证：这是一种行政处罚。在现场执法时，一般不会做出，需要按程序调查之后下达行政处罚决定书。比如，饮酒后驾驶机动车，交警在现场查处时会扣留驾驶证，然后再按程序对该违法行为进行调查之后做出暂扣的行政处罚。

● 什么情况下驾驶证会被扣留？

有以下情形之一的，公安机关交通管理部门依法扣留机动车驾驶证。

❶ 饮酒后驾驶机动车。

❷ 机动车行驶超过规定时速50%。

❸ 在一个记分周期内累积记分达到12分。

❹ 驾驶拼装或者已达到报废标准的机动车上道路行驶。

❺ 机动车驾驶人将机动车交由未取得机动车驾驶证或者机动车驾驶证被吊销、暂扣的人驾驶。

● 驾驶证被暂扣期间能否申请补证？

驾驶证被公安机关交通管理部门扣押、扣留或者暂扣，说明驾驶人实施了违反道路交通安全法律、法规的行为，如酒驾醉驾、肇事逃逸等，这类违法行为都是较为严重的。新交规明确规定，驾驶证在被依法扣押、扣留或者暂扣期间，驾驶人不得申请补发。

● 驾驶证被暂扣期间仍开车上路属于无证驾驶吗？

根据《中华人民共和国道路交通安全法》和《机动车驾驶证申领和使用规定》等相关法律法规规定，属于"无证驾驶"的情形大致包括以下四种。

❶ 未取得公安机关交通管理部门核发的机动车驾驶证。

❷ 利用非法手段取得公安机关交通管理部门核发的机动车驾驶证。

❸ 在驾驶证被暂扣期间仍驾驶机动车。

❹ 驾驶证被吊销仍驾驶机动车。

● 驾驶证被暂扣期间驾车的处罚措施是什么？

处罚依据：《中华人民共和国道路交通安全法》第 99 条第 1 项。

处罚措施：未取得机动车驾驶证、机动车驾驶证被吊销或者机动车驾驶证被暂扣期间驾驶机动车的，由公安机关交通管理部门处 200 元以上 2000 元以下罚款，可以并处 15 日以下拘留。

防扣分提示

驾驶证被暂扣期间驾驶机动车的，属于无证驾驶。因此，希望广大机动车驾驶人在驾驶证被暂扣期间不要继续驾驶机动车。

18 违法占用应急车道行驶

交规规定

驾驶机动车在高速公路或者城市快速路上违法占用应急车道行驶的，一次记6分。

真实案例

小客车占用应急车道行驶，驾驶人被罚200元、记6分

2022年4月27日上午7时左右，某高速执勤交警在辖区桥段蹲点执勤时，一辆白色小客车一直在占用应急车道行驶，看见前方执行蹲点警示任务的交警后还企图变回正常车道。交警拦下该车后，驾驶人辩解之前没有走过这条线路，对道路不熟悉，但实际的原因是为了赶时间又心存侥幸。根据规定，交警依法对白色小客车的驾驶人处以罚款200元、记6分的处罚。

危险化学品运输车占用应急车道行驶，驾驶人被罚200元、记6分

2022年5月24日11时09分，某交警总队高等级公路支队交警在G7京新高速乌昌互通立交桥附近，对施工现场路段进行疏导工作时发现一辆危险化学品运输车在应急车道上行驶。交警见状，立即拦停该车。该车驾驶人于某解释说，当他驾车行驶到施工路段时，发现前面有车辆在排队缓行，而旁边的应急车道上一辆车也没有，于是就想通过应急车道通行。根据规定，交警依法对驾驶人于某驾驶机动车在高速公路遇交通拥堵时占用应急车道行驶的违法行为处以罚款200元、记6分的处罚。

案·例·解·读

● 应急车道的作用是什么？

应急车道就是主要在城市环线、快速路及高速公路两侧施划，专门供工程救险、消防救援、医疗救护或交警执行紧急公务等处理应急事务的车辆使用，任何社会车辆禁止驶入或者以各种理由在车道内停留。

● 为什么说应急车道是高速公路的"生命通道"？

高速公路属封闭式道路，一旦发生交通事故，救援车辆只能沿高速公路到达现场，这时行车道右侧应急车道的"生命通道"意义就会被体现出来。如果

所有车辆将应急车道留出供救援车辆通行，那么就会为事故中的受伤者争取生命急救时间。

● 什么情况下可以临时停靠应急车道？

普通社会车辆只有在遇到事故或车辆故障、不能移到更安全地方的时候，可以临时停靠在应急车道上。停车后，驾驶人应打开车辆危险警告灯，并在故障车来车方向 150m 以外设置警告标志牌。夜间、雨、雾等天气还应当同时开启示宽灯、尾灯和后雾灯。车上人员应立即转移到右侧路肩上或应急车道内，并迅速报警。

● 交通管制时能否占用应急车道？

如果遇到交通管制时，驾驶人不听从现场交警劝阻，强行占用应急车道，就不仅仅是违法占用应急车道了。对此，警方可按机动车违反交通管制规定强行通行的违法行为处罚，即处 1000 元以上 2000 元以下罚款，可并处 15 日以下拘留。对营运客车、危化品运输车等重点车辆违法占用应急车道的，将违法驾驶人列入"黑名单"管理，一个记分周期内记满 12 分的，对其驾驶证进行降级处理，并注销其最高准驾车型驾驶资格。

● 什么是高速公路避险车道？

高速公路避险车道，就是在高速公路长陡下坡路段行车道外侧增设的供速度失控车辆驶离高速公路安全减速的专用车道。

● 在紧急避险车道随意停车违法吗？

紧急避险车道对失控的车辆有紧急避险的作用，但同样也有很大的安全隐患，在紧急避险车道随意停车属于违法行为。

● 什么是紧急停车带？

紧急停车带指的是在高速公路和一级公路上，供车辆发生故障或其他原因紧急停车使用的临时停车地带。紧急停车带只供紧急情况下使用，不得无故占用。

● 什么情况可以使用紧急停车带？

❶ 发生交通事故后，按规定允许自行处理的。

❷ 行驶中发生故障的。

❸ 交警示意机动车立即停车的。

除上述三种情形外，其他的一般情况则不允许在紧急停车带停车。当然，特殊情况例外，例如驾驶人突发紧急病症等。

● 避险车道和紧急停车带的标志是什么？

标志图形	标志名称	标志含义
	避险车道	提醒车辆驾驶人前方有避险车道
	紧急停车带	设在紧急停车带的前端，用于指示紧急停车的位置

● 违法占用应急车道行驶的处罚措施是什么？

处罚依据：《中华人民共和国道路交通安全法》第 90 条。

处罚措施：警告或者 20 元以上 200 元以下罚款。

防扣分提示

　　驾驶机动车在高速公路或者城市快速路上行驶时，不得骑、压车行道分界线，也不得非紧急情况时在应急车道、避险车道、紧急停车带上行驶或停车。

第四章

一次记 3 分
的违法行为

19 高速、快速路上不按规定车道行驶

交规规定

驾驶机动车在高速公路或者城市快速路上不按规定车道行驶的，一次记3分。

真实案例

亲戚组团不按规定车道行驶，均被罚100元、记3分

2022年4月19日上午9时许，某交警大队交警接到系统报警，有连续四辆货车在京台高速北京方向168km处不按规定车道行驶。接到报警后，执勤交警逐一对过往车辆进行排查，最终成功拦截四辆违法车辆。经询问得知，四辆车的驾驶人属于亲戚关系，由于领头车的驾驶人不熟悉货车占道相关规定，行驶到该路段时没有按照规定车道行驶，后边驾车跟随的爸爸、舅舅和叔叔，也都被带"跑偏"走错车道。根据规定，交警依法对四位驾驶人均处以罚款100元、记3分的处罚。

案·例·解·读

● 未达到规定时速而在相应车道行驶算不按规定车道行驶吗？

未达到规定时速而在相应车道行驶，可界定为不按规定车道行驶，根据法律规定对驾驶证记3分。同时，高速公路已经标明车道的行驶速度，超过标明

时速值行驶，将视为超速行驶。

● 不按规定车道行驶的违法行为有哪些？

❶ 压线行驶。

❷ 骑线行驶。

❸ 右转弯车道直行。

❹ 左转弯车道直行。

❺ 直行车道左转弯或者右转弯。

● 什么是分道通行原则？

分道通行原则，是指车辆、行人按照道路交通安全法规规定在道路上不同的空间内通行，是车辆和行人共同遵守的通行原则，也是交通法规赋予交通参与者在道路上的通行权利。

❶ 道路划分为机动车道、非机动车道和人行道的路段，机动车、非机动车和行人实行分道通行。

❷ 道路没有划分机动车道、非机动车道和人行道的，机动车在道路中间通行，非机动车和行人在道路两侧通行。

❸ 道路上划专用标线的路段，在专用车道内只准许规定的车辆通行，其他车辆不准进入专用车道行驶。例如，公交专用车道。

❹ 在同方向划有 2 条以上机动车道的路段，左侧为快速车道，右侧为慢速车道。在快速车道行驶的机动车，按照快速车道规定的速度行驶，未达到快速车道规定的行驶速度的车辆在慢速车道行驶。摩托车应当在最右侧车道行驶。

● 高速快速路上不按规定车道行驶的处罚措施是什么？

处罚依据：《中华人民共和国道路交通安全法》第 90 条。

处罚措施：警告或者 20 元以上 200 元以下罚款。

防扣分提示

驾驶机动车上路行驶时，一定要记得"各行其道"。各行其道，既是现代交通的重要标志，更是安全的需要。

20 违法超车

交规规定

驾驶机动车不按规定超车的，一次记3分。

真实案例

粉色小车强行借道超车，驾驶人被罚200元、记3分

2022年4月4日15时，在某旅游公路驿站路段，一辆粉色小车强行超车，险些造成交通事故。交警接到举报后，立即传唤涉事车主，对其进行严厉的批评教育，并依法处以罚款200元、记3分的处罚。

公交车弯道"任性"超车，驾驶人被罚200元、记3分

2022年4月30日13时4分，一辆牌号为湘U1×××9D的公交车沿209国道某学校路段行驶时，因想超过前方车辆而随意在弯道危险变道，险些造成交通事故。被吓出一身冷汗的其他车辆驾驶人立即向交通管理大队举报，并且提供了一段行车记录仪的视频佐证。接到举报后，交警通过查询车辆信息，很快找到公交车驾驶人石某某。根据规定，交警依法对不按规定超车的驾驶人石某某处以罚款200元、记3分。

案·例·解·读

● 什么是超车？

超车是指同一车行道行驶的车辆，后车从左侧超越前车的过程。

● 超车的规定有什么？

❶ 驾驶机动车超车时，提前开启左转向灯，变换使用远、近光灯或者鸣喇叭提示前车。在确认有充足的安全距离后，从前车的左侧超越。在与被超车辆拉开必要的安全距离后，开启右转向灯，驶回原车道。

❷ 不得在铁路道口、交叉路口、窄桥、弯道、陡坡、隧道、人行横道、市区交通流量大的路段等没有超车条件的路段超车。

❸ 在慢速车道内行驶，需要超越同车道行驶的前车时，可以借用快速车道行驶。

❹ 从左侧超车时，无法保证与正常行驶前车的横向安全间距，或发现对面来车有会车可能时，要主动放弃超车。

❺ 遇到前方同车道行驶的执行紧急任务的警车、消防车、救护车、工程抢险车时，不得超车。

❻ 在没有道路中心线或者同方向只有 1 条机动车道的道路上，前车遇后车发出超车信号时，在条件许可的情况下，应降低速度，靠右让路。

❼ 遇到前车正在左转弯、掉头、超车时，不得超车。

● 什么是违法超车？

违法超车是指驾驶人在禁止超车的路段或者在没有安全超车条件的路段强行超车的驾驶行为。违法超车一般表现为强行超车、右侧超车等情形。

● 违法超车的危害是什么？

❶ 强行超车：由于不具备超车条件，驾驶人必须冒一定的风险，甚至要长时间占用车道超车。强行超车时，横向间距小、车速快、操控稳定性下降等因素构成了安全事故隐患。

❷ 右侧超车：这是一种危险的违法驾驶行为，极易占用非机动车道、碾压松软路肩、没有条件与被超越车辆保持足够的横向间距，并且会与同向行驶的非机动车形成冲突。

● 禁止超车和解除禁止超车的标志是什么？

标志图形	标志名称	标志含义
	禁止超车	表示该标志至前方解除禁止超车标志的路段内，不允许机动车超车
	解除禁止超车	表示禁止超车路段结束

● 不按规定超车的处罚措施是什么？

处罚依据：《中华人民共和国道路交通安全法》第 90 条。

处罚措施：警告或者 20 元以上 200 元以下罚款。

防扣分提示

开车上路，超车是经常的行为，然而在超车过程中的一些微小细节，应引起每位驾驶人的重视，以防扣分和避免交通事故的发生。

❶ 不可强行超车。时机不成熟时，一定要耐心等待。

❷ 在法律不允许超车的地方严禁超车，如隧道、桥梁等。

❸ 打算超车前，观察前方情况，视线尽量放远，和被超车保持 20m 的距离，不要太近或太远。当前方路段 150m 范围内没有来车，通过后视镜并扭头观察后方也没有车要超你时，打转向灯或鸣喇叭示意你要超车。在超车时，只需将加速踏板快速踩到底，果断地从前车左侧超过去。

❹ 超越后继续保持直行，驶离被超车约 30m 时打开右转向灯，缓缓向右转动方向盘，进入正常车道后回正方向，关闭右转向灯，完成超车全过程。

❺ 超车看车头，就是在超车时要着重观察被超车辆的前部变化，从中判定被超车辆的进一步反应。比如，在超越过程中发现被超车辆的车头部分有向自己靠近的趋势，就要立即减速，停止超越，或在保证安全的情况下向旁侧转动方向盘躲避。

⑥ 夜晚超越前车，就要跟上前车，用变换灯光的方法提醒前车能够让路。如果前车让路，并且道路前方又没有来车，就可以进行超车。

⑦ 对于不肯让超的车，驾驶人要有耐心，反复鸣喇叭提醒，跟车距离也可适当缩短一些，一有机会便快速超越。超越后，不要采取报复措施而向右猛打方向盘或进行制动等。

⑧ 能见度差时，超车要格外小心，因为很难判断前、后方的情况，这时极易发生事故。

⑨ 坚决避免双重超车。前车正在超车时，后车不能超车，即使路面条件允许这种双重超车，也会形成超速行驶，车辆并行也会影响对面来车的行驶，极易造成事故。

⑩ 在超车过程中，当发现道路左侧有障碍，或发现横向间距过小，有可能出现挤擦危险时要从容减速，终止超越行为。尽量不要紧急制动，以免发生侧滑事故。

⑪ 驾驶机动车发现后车发出超车信号时，如果具备让车条件，及时开启右转向灯，减速靠右让行，必要时辅以手势示意让超，不得故意不让或让路不让速。

⑫ 遇到后方车辆强行超车，不给留出安全距离便向右变更车道时，要减速或靠右停车避让，千万不要赌气。

㉑ 不按规定让行

交规规定

驾驶机动车不按规定让行的，一次记3分。

真实案例

私家车恶意阻拦出警消防车，驾驶人被罚200记、3分

2022年5月5日，江西景德镇乐平市，消防车出警救火，一路鸣笛，一辆白色轿车竟然在其前方减速拦路。消防救援站相关负责人表示："当时，我们消防车的警报一直处于拉响状态，并且鸣笛示意。"消防车鸣笛大约有40s，白色轿车在这期间不但没有避让，反而还制动减速，其两侧都有车辆行驶，所幸没有造成严重后果。根据规定，交警依法对白色轿车的驾驶人进行批评教育，并处以罚款200元、记3分的处罚。

案·例·解·读

● 特种车辆的避让规定是什么？

❶ 驾驶机动车遇到执行紧急任务的警车、消防车、救护车、工程救险车时要及时让行。

❷ 驾驶机动车遇到正在进行作业的道路养护车辆、工程作业车时要注意避让。

● 因避让特种车辆违法能否"免责"？

《中华人民共和国道路交通安全法》中规定，如果有证据表明交通违法行为是因避让执行任务的警车、救护车、消防车、工程救险车所致，驾驶人不会受处罚。

● 因避让特种车辆造成交通违法时驾驶人应注意什么？

如果在避让特种车辆时被抓拍到交通违法，公安机关交通管理部门将进行严格核实，情况属实的将依法撤销。在这方面，无论在避让特种车辆时是否发生了交通违法行为或是被抓拍，避让的驾驶人都应记好特种车辆的号牌，这是在向公安机关交通管理部门申请撤销时的关键。此外，驾驶人最好记住避让的路段及具体位置和时间。驾驶人只需要提供这些简单资料，调查过程由公安机关交通管理部门完成。

● 恶意谎报撤消违法记录会受到处罚吗？

如果想要以避让特种车辆当借口撤销违法记录的，要小心"挨砖"。因为特种车辆都安装有 GPS 定位，一辆车在什么时间到达什么位置，都有完整的记录和路线图，时间也可以精确到秒。公安机关交通管理部门对驾驶人提供的相关资料，将严格核实、进行比对，对恶意谎报撤销违法记录的将依法追究其责任，并进行相应的处罚。

● 不按规定让行的处罚措施是什么？

处罚依据：《中华人民共和国道路交通安全法》第 90 条。

处罚措施：警告或者 20 元以上 200 元以下罚款。

防扣分提示

警车、消防车、救护车、工程救险车等特种车辆在执行紧急任务时，在确保安全的原则下，不受行驶速度、行驶路线、行驶方向和指挥信号灯的限制，其他车辆和行人必须让行。

❶ 行驶中，遇到执行紧急任务的特种车，应及时让行，禁止穿插或超越。

❷ 对特种车让行有两个前提：一是特种车必须是在执行紧急任务时，才享受所赋予的特权；二是要在确保安全的原则下，才享受所赋予的特权。

❸ 其他车辆遇到执行任务的特种车，无论来自何方，凡是可能妨碍其通行的都应立即避让。如果四种特种车同时相遇，应按消防车、警车、救护车、工程救险车顺序依次避让。

❹ 路遇执行紧急任务的车辆，如果是与自车交会，应提前缓行于公路右侧；如果是要超越自己，应迅速减速，靠右行驶，并做出让超表示。无论是会车还是被超，都要积极主动地为执行紧急任务的车辆提供交通方便。

❺ 在交叉路口，绿灯开启，自车可以通行，这时如果遇到横向驶来的执行紧急任务的车辆，自车仍要立即停驶，等其通过后再重新起步。

❻ 准备左转时，如果发现车后警笛鸣响、警灯闪亮，应立即打消驶向路左道口的意图，并靠路右停车避让，等待执行紧急任务的车辆通过后再起步左转。

22 逆行

交规规定

驾驶机动车在高速公路、城市快速路以外的道路上逆行的，一次记3分。

真实案例

• 白色轿车逆行被举报，驾驶人被罚200元、记3分 •

2022年4月28日上午8时许，一辆白色轿车在某区域逆向行驶，被网友举报，并提供了视频证据。交警核实举报信息后，立即通知白色轿车的驾驶人钟某某到大队接受调查和处理。钟某某因实施驾驶机动车在高速公路、城市快速路以外的道路上逆向行驶的违法行为，最终被处以罚款200元、记3分的处罚。

• 校车逆行惹众怒，驾驶人被罚200元、记3分 •

2022年4月7日18时许，一辆黄色校车从车流中逆向穿过！公安局交通大队接到网民的这个举报后，指派辖区中队迅速采取行动。交警经过调查取证，确认了该校车存在违法驾驶行为，随后将驾驶人胡某传唤到中队做进一步调查。经查，胡某驾驶校车从学校出来后，为图方便没有按规定行驶，确实存在逆行的违法行为。根据规定，交警依法对驾驶人胡某处以罚款200元、记3分的处罚，同时联系校车所属企业下达隐患整改通知。

案·例·解·读

● 什么是逆向行驶？

机动车逆向行驶分为两种情况：一种是路段逆向行驶，就是单行路不按规定方向行驶，这种违法行为属于违反禁令标志指示；另一种就是路口逆向行驶，这是最容易被人们忽视的。根据《中华人民共和国道路交通安全法》的规定，机动车、非机动车实行右侧通行。如果驾驶机动车靠左侧行驶，就是逆向行驶。

● 逆向行驶的危害是什么？

从安全角度讲，逆向行驶存在很大的安全隐患，干扰和破坏正常交通秩序，极易发生交通事故。同时，实施单行路的路面一般较窄、交通拥挤，车辆逆行容易造成交通堵塞，甚至引发事故。

● 逆向停车扣分吗？

逆向停车严格上说，包含了"逆行"和"违停"两种交通违法行为，因为车辆在进入停车位之前肯定要逆行变道或者掉头。因此，逆向停车处罚上限可以按"逆行"罚款 200 元、记 3 分处理。

● 和单行路标志容易混淆的有哪些标志？

标志图形	标志名称	标志含义
	单行路（直行）	单行路指示标志，一般设在单行路的路口和入口处的适当位置，表示该道路为单向行驶，已进入车辆应依标志指示方向行车
	直行	直行指示标志，一般位于地面或红绿灯上，表示一切车辆只准直行
	直行车道	直行车道指示标志，一般设置在必须直行的车道路口适当位置，表示该车道上所有车辆必须直行

● 逆行的处罚措施是什么？

处罚依据：《中华人民共和国道路交通安全法》第 90 条。

处罚措施：警告或者 20 元以上 200 元以下罚款。

防扣分提示

逆向行驶是严重的主观交通违法行为，引发的事故不在少数。逆向行驶等交通陋习之所以屡禁不止，主要是由于一些驾驶人交通安全意识淡薄，抱有侥幸心理，贪一时方便，为走近路无视交通法规。因此，机动车驾驶人为了自身和别人的安全，不要贪一时方便，为走近路而逆行。

23 加塞

交规规定

驾驶机动车遇前方机动车停车排队或者缓慢行驶时，借道超车或者占用对面车道、穿插等候车辆的，一次记 3 分。

真实案例

小车强行加塞，驾驶人被罚 200 元、记 3 分

2022 年 4 月 14 日 17 时 54 分，一辆牌号为粤 C0××6N 的大众小型轿车沿着珠海大道西往东方向最左侧车道行驶，来到珠海大道某大道路口时，驾驶人杨某强行向右变道挤进车流中，影响了其他车辆通行。交警对杨某进行安全教育后，依法处以罚款 200 元、记 3 分的处罚。

为加塞竟开车门逼后车让道，驾驶人被罚 100 元、记 3 分

2022 年 4 月，某交警支队工作人员注意到了一条引发关注的网传视频：在辖区一个十字路口的位置，许多车辆正排着队，有序地等候交通信号灯。突然，一辆棕色面包车半路杀出，试图向左侧变道加塞，为了确保加塞成功，驾驶人竟然打开主驾车门。在变道成功后，驾驶人又探身将车门拉上。交警对于视频中的危险驾驶行为，依法对违法行为人黎某处以罚款 100 元、记 3 分的处罚。

案·例·解·读

● 什么情况属于车辆在交通阻塞路口不依次等候？

因路口通行受阻引起交通阻塞时，后方车辆为提前通行，随意变道、穿插、挤压正常排队通行的车辆，导致路口通行受阻、车流量饱和的行为。

● 什么叫借道超车？

机动车在通行较为缓慢或者停车排队等候通行的路段时，越过道路分隔线（白色实线或黄色实线）进行超车的行为。

● 什么叫占用对面车道？

在机动车遇有前方车辆停车排队等候或者缓慢行驶时，由原本行驶的车道变道、占用对向车道的行为。

● 什么叫穿插等候车辆？

机动车遇有前方车辆停车排队等候或者缓慢行驶时，从排队等候的车辆两侧强行挤压、穿插、阻碍正常通行车辆的行为，俗称"加塞"。

● 缓慢和拥堵路段的通行规定是什么？

❶遇到前方车辆停车排队等候或者缓慢行驶时，不得借道超车或者占用对面车道，不得穿插等候的车辆。

❷在车道减少的路口、路段，遇到前方机动车停车排队等候或者缓慢行驶的，应当每车道一辆依次交替驶入车道减少后的路口、路段。

❸遇到前方交叉路口交通阻塞时，要依次停在路口以外等候，不得进入路口。

● 对"加塞"的处罚措施是什么？

处罚依据：《中华人民共和国道路交通安全法》第90条。

处罚措施：警告或者20元以上200元以下罚款。

防扣分提示

车辆"加塞"是一种交通陋习，主要根源是驾驶人缺德缺法。现在，为了加大对这种交通陋习的处罚力度，新交规对"加塞"一次记3分，意味着4次"加塞"很可能就会让喜欢"加塞"的人重回驾校。

24 开车接打电话

交规规定

驾驶机动车有拨打、接听手持电话等妨碍安全驾驶的行为的，一次记 3 分。

真实案例

开车打电话被无人机发现，司机被罚 100 元、记 3 分

2022 年 4 月 19 日，某公安交警使用无人机巡逻时，发现一辆银白色别克客车的驾驶人长时间接打手持电话。执勤交警立即对其进行拦截，同时按照《道路交通安全违法行为记分管理办法》对该驾驶人处以罚款 100 元、记 3 分的处罚。

边开车边"追剧"，驾驶人被罚 100 元、记 3 分

2022 年 5 月 10 日，某交通大队接到报警，称一位网约车的驾驶人一边开车一边看电视剧。11 日，交警对涉事驾驶人进行批评教育，并依法处以罚款 100 元、记 3 分的处罚。

拿起手机看了看，驾驶人被罚 100 元、记 3 分

2022 年 4 月 7 日 14 时 50 分，一股车流沿某路段南往北方向驶来。这时，交警的目光锁定其中一辆牌号为粤 C5××1L 的白色宝马小轿车，该车驾驶人一边开车一边看着手机。交警立即拦停白色宝马小轿车进行检查，驾驶人蔡某解释说，刚才开车时手机突然响了，于是他就拿起手机看了看。根据规定，交警依法对蔡某处以罚款 100 元、记 3 分的处罚。

开车时让儿子把头探到天窗外，驾驶人被罚 100 元、记 3 分

2022 年 5 月 4 日 13 时 26 分，某自治县一位父亲驾车载着 12 岁的孩子从村里驶往县城，恰巧与辖区巡逻交警擦肩而过。这时，交警注意到该车车顶有一个小男孩把头探到天窗外，随即掉头一路鸣着喇叭示意驾驶人，可前车依旧无动于衷，直到男孩发现后车交警挥手示意才躲回车内。交警立即通知前方卡口对该车进行拦截。经了解得知，驾驶人银某某因儿子晕车，于是就想出了打开天窗让儿子探出头透气的主意，探出头的整个路程长达 10km。根据

规定，交警依法对银某某妨碍安全驾驶的违法行为处以罚款 100 元、记 3 分的处罚。

驾驶人开车抽烟，被罚 200 元、记 3 分

2022 年 5 月 19 日 8 时 42 分，一辆牌号为粤 TQ××05 的黑色奥迪车正沿某路段由东往西方向行驶，路上川流不息。驶到交叉路口时，奥迪车刚好遇上红灯，就停在了停止线前。过了一会儿，驾驶位的车窗打开，里面伸出一只手，手指夹着一根香烟，又过了一会儿，车窗里的手又伸了出来，把烟头往外一丢，等到绿灯亮时就扬长而去。后车驾驶人向交警进行了举报，交警通过车牌联系上奥迪车驾驶人袁某，通知他到大队接受调查。下午 4 点多，袁某来到大队接受处理。根据规定，交警依法对袁某开车抽烟的违法行为处以罚款 100 元、记 3 分。

分心驾驶面包车，造成 5 名乘车人死亡

2022 年 4 月 11 日 19 时许，杜某某驾驶牌号为鲁 NC×××× 的面包车沿 339 国道由南向北行驶到 62km+900m 处时，追尾停放在非机动车道内的重型仓栅式半挂车，造成 5 名乘车人死亡，驾驶人杜某某受伤。经查，杜某某驾驶面包车在非机动车道内行驶，分心驾驶疏于观察导致事故发生。交警提醒：机动车驾驶人驾车过程中应集中精力，不要分心驾驶，杜绝接打手机、捡拾物品等可能影响安全驾驶的行为。

案·例·解·读

● 开车时拨打、接听电话为什么容易引发事故？

驾驶汽车本身是一项较为复杂的工作，而且同时还要密切观察周边环境，需要做到全神贯注。所以驾驶人在开车的时候要同时进行两项复杂工作，大脑已经满负荷运转了。如果在这个时候再拨打、接听电话，负责控制思维和语言的大脑系统额叶部分将会"超载"，在这种状态下驾驶车辆，发生车祸的风险会成倍增高。因此，驾驶人开车时不要拨打、接听电话，如果有急事一定要接打电话，请在安全和不影响交通秩序的情况下，靠边停车后再接打电话。

● 电子眼真能拍到驾车接打电话等违法行为吗?

很多驾驶人关心未按规定系安全带、驾车拨打电话等违法行为,会不会被摄像头拍下来处罚。答案是肯定的,这些违法行为都会被路口的摄像头拍到。

● 开车抽烟记分吗?

新交规中,明确提到"驾驶机动车有拨打、接听手持电话等妨碍安全驾驶的行为,一次记 3 分"。严格来说,吸烟也是妨碍安全驾驶的行为,也应当参照此条例来施行。

● 开车不能打电话,那有事情需要沟通怎么办?

"开车打电话",具体而言,就是开车时手持电话贴近耳朵接听的行为,这种行为要被扣 3 分。驾驶人在开车需要接听电话时,可用耳麦、蓝牙或免提等方式,但这同样会影响安全行车。

● 用手机发短信、上微博、刷抖音,会不会被处罚?

要处罚,扣 3 分。《中华人民共和国道路交通安全法》中有细化说明:"驾驶机动车时以手持方式使用电话"要被处罚,包括用手机发短信、上微博、刷抖音等延伸行为。

● 用蓝牙设备为什么不会被抓拍?

根据公安部交管局 2013 年下发的《道路交通违法行为认定及处理指导意见（一）》[公交管（2013）128 号] 明确:驾驶人在驾车行驶过程中有通过手持方式操作移动电话通话或者收发短信、观看手机视频、操作手机软件等情形的,认定为驾驶机动车有拨打、接听手持电话违法行为;对驾驶人使用无需手持的车载电话、手机耳机或者免提功能进行通话且不影响安全的,不认定为拨打、接听手持电话违法行为。也就是说,用蓝牙而不是通过手持方式拨打、接听电话,不在抓拍范围内。

● 为什么翻阅车载导航也违法?

驾驶机动车在行驶过程中翻看车载导航,这肯定属于违法行为,因为拨打、接听手持电话、浏览电子设备等妨碍安全驾驶的行为,在实践操作中,主要看手的位置是否离开方向盘,手上是否有电子设备。浏览操作电子设备时,就已经脱离了正常行车视野,出现了驾车隐患。确实需要使用手机等电子设备的,应提前设置语音提醒或将车辆依法妥善停稳后再使用。

● 原车车载免提、多媒体服务系统等通话配置能用吗？

如果因为短时间使用车载多媒体服务系统被当成打电话处罚，驾驶人可以提出复议，并提供相关通话证据，交警会根据情况处理。但原则上，交警并不支持会影响安全驾驶的行为。

● 为什么遇到红灯或交通拥堵时停车使用手机也算违法？

《中华人民共和国道路交通安全法实施条例》第 62 条第 3 项规定，驾驶机动车不得有"拨打接听手持电话、观看电视等妨碍安全驾驶的行为"。无论是遇到红灯还是拥堵，驾驶是一个完整的过程，驾驶人所处的状态仍然处于法律所认定的"驾驶机动车"期间，因此禁止使用手机的法条仍然是有效的。

● 穿高跟鞋开车扣分吗？

穿拖鞋、4cm 以上高跟鞋或者赤脚驾车，与开车拨打、接听手持电话一样属于"妨碍安全驾驶的行为"。根据规定，穿拖鞋、穿高跟鞋、赤脚驾车的处罚是记 3 分。

● 穿高跟鞋开车为什么容易引发事故？

穿高跟鞋开车，会抬高脚的支点，无形中增大踩制动踏板的力度和角度，遇到紧急情况，驾驶人需踮着脚尖狠踩制动踏板才能让车停住。此外，高跟鞋的鞋跟过高过细，容易卡在制动踏板底部，导致制动时制动踏板无法全力踩下，从而引发交通事故。

● 什么是盲驾？

所谓"盲驾"，就是指机动车驾驶人一边开车一边低头、回头做其他事情的行为。"盲驾"不仅影响道路交通的通行效率，而且严重危及自身和他人的生命财产安全，已成为一种比"酒驾""毒驾"更可怕的交通违法行为。"盲驾"归根结底，就在于驾驶人的侥幸心理，只有正确认识"盲驾"的危害，才能摒弃"盲驾"的陋习。

● 盲驾的危害是什么？

有关数据显示，"盲驾"的危害甚至超过酒驾。据调查显示，车速 60km/h，低头看手机 3s，相当于盲开 50m，一旦遇到紧急情况，制动至少需要 20m。这几十米，就很有可能造成重大交通事故。由此可见，"盲驾"比酒驾更具危险性。

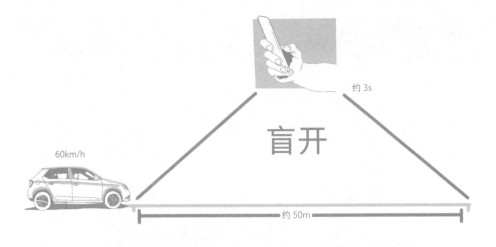

● 开车时拨打、接听手持电话等妨碍安全驾驶的处罚措施是什么？

处罚依据：《中华人民共和国道路交通安全法》第 90 条。

处罚措施：警告或者 20 元以上 200 元以下罚款。

防扣分提示

　　驾车时拨打、接听手持电话等妨碍安全驾驶的"小动作"，对安全行车的危害是显而易见的。驾驶人驾车时需要掌握路面情况，如果做"小动作"的话，可谓一心二用，开车便不能做到全神贯注。一旦遇到突发状况，往往不能及时做出反应并采取相应措施，极易造成交通事故。因此，机动车驾驶人一定要端正态度，正确认识"小动作"的危害性，养成"文明驾驶、安全行车"的好习惯，自觉改掉做"小动作"的坏习惯，确保行车安全。

25 不让行人

交规规定

驾驶机动车行经人行横道，不按规定减速、停车、避让行人的，一次记3分。

真实案例

过人行横道未减速礼让，网约车驾驶人被罚100元、记3分

2022年5月11日上午，某公安交管局执法大队在辖区路口人行横道处，开展机动车行经人行横道不减速礼让专项整治行动。8时12分许，一辆白色网约车行经人行横道时未减速礼让，被交警拦停进行检查。根据规定，交警依法对驾驶人处以罚款100元、记3分的处罚。

过人行横道未减速礼让，驾驶人被罚200元、记3分

2022年4月21日，某交警支队接到"随手拍"举报：在辖区一栋居民楼前，一辆小客车通过人行横道时，正好有一位老年人路过，而小客车却未停车让行。支队立即开展调查。4月27日，小客车驾驶人年某某来到交警支队。经询问，年某某认识到了自己的错误，承认了交通违法行为。根据规定，交警依法对驾驶人年某某处以罚款200元、记3分的处罚。

案·例·解·读

● 通过人行横道时与行人抢行的危害是什么？

人行横道线是为行人横过道路而设置的安全通道，驾驶机动车行至人行横道前应减速行驶，及时给通过的行人让行。车辆行至人行横道线前不让或加速行驶，甚至与行人抢行，往往会发生与行人相撞的事故，最容易受到伤害的就是行人。

● 如果行人闯红灯到底该不该让？

无论行人是否违反信号灯通行，机动车驾驶人在发现行人通过人行横道时，都应让行。

● 驾驶机动车通过人行横道的规定是什么？

❶驾驶机动车行经人行横道时，要减速慢行；遇行人正在通过人行横道时，要停车让行人先行；不得在人行横道区域内停车等候。

❷驾驶机动车经过没有交通信号的道路时，遇行人横过道路，要及时减速或停车避让。

● 道路中央有绿化隔离带时应该如何礼让行人？

❶道路中央有绿化隔离带，行人正走在人行横道线中间，未跨越途中绿化带虚拟延长线，图中①车道上的机动车需要停车让行，②车道上的机动车可以通行；若行人跨越图中绿化带虚拟延长线，①、②车道上的机动车都应当停车让行。

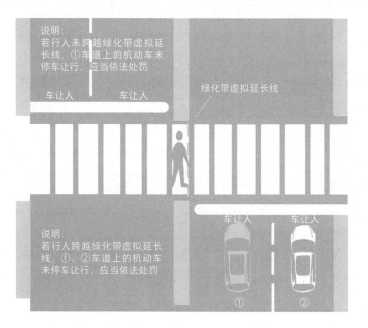

❷ 在双向四车道上，当行人未跨越途中绿化带虚拟延长线时，②车道上的机动车应停车让行，①车道上的机动车可以通行。当行人跨越途中绿化带虚拟延长线时，①、②车道上的机动车都应当停车让行。

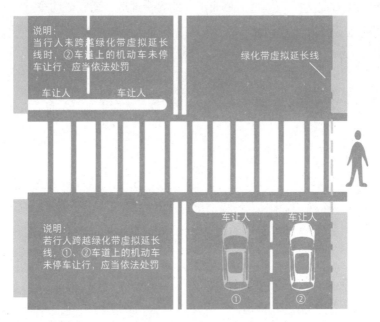

● 和行人有关的标志有哪些?

标志图形	标志名称	标志含义
	注意行人	注意行人警告标志，一般设置在郊外的人行横道前方，城市内一般在行人过路较多的人行横道处设置。用于警告车辆驾驶人注意前方有人行横道，注意行人并做好减速让行准备
	人行横道	人行横道指示标志，一般设置在人行横道的两边，表示此处为提供给行人使用的穿越马路的通道
	步行	步行指示标志，一般设置在仅供步行区域或步行街的相应位置，表示此地区只允许步行

● 不按规定避让行人的处罚措施是什么？

处罚依据：《中华人民共和国道路交通安全法》第 90 条。

处罚措施：警告或者 20 元以上 200 元以下罚款。

防扣分提示

我们开车上路，是为了办事，不是为了找事。以人为本，才能和和气气，毕竟车是可以修复的，而人是无法修复的。

① 提高交通以人为本的意识，关爱生命，唤起善心，崇尚包容与礼让。

② 彻底消除违章行人和骑车人"理应让我"的想法。指望行人让车是不现实的，有时候他们也是心有余而力不足。

③ 在任何情况下，汽车都不要与行人和骑车人竞速抢道。

④ 不要对违章的行人和骑车人憎恨，也不要以敌相对，更不要有侮辱或教训的言语，这需要汽车驾驶人平和宽容的心态。

⑤ 开车时尽量多一份细心，对行人就像对待自己的朋友一样充满善意和关爱，那么交通事故一定会减少很多。

26 不让校车

交规规定

驾驶机动车不按规定避让校车的，一次记3分。

真实案例

小轿车"别"校车，驾驶人被罚100元、记3分

2022年5月4日17时30分，罗师傅驾驶着粤E牌号的校车驶入某路段时，与一辆正在该路辅道上直行的粤E牌号白色小轿车交会。小轿车驾驶人谭某认为罗师傅驾驶的校车转弯过急，影响了自己的正常通行，立刻狂按喇叭并加速超车，在校车前伸出手做了一个挑衅的动作，然后一直堵在校车前面，校车往左他往左，校车往右他往右。无论罗师傅如何用喇叭和灯光示意，谭某始终不让道，并伴有紧急制动的行为，一直持续挡了一段路程才离开。根据规定，交警依法对谭某处以罚款100元、记3分的处罚。

案·例·解·读

● 怎样才算避让校车？

❶ 校车在同方向只有1条机动车道的道路上停靠时，后方车辆应当停车等待，不得超越。

❷ 校车在同方向有2条以上机动车道的道路上停靠时，校车停靠车道后方和相邻机动车道上的机动车应当停车等待，其他机动车道上的机动车应当减速通过。

❸ 校车后方停车等待的机动车，不得鸣喇叭或者使用灯光催促校车。

● 校车停靠有提示吗？

校车在道路上停车上下学生，应当靠道路右侧停靠，开启危险警告灯，打开停车指示标志。

● 校车停靠站点标志和注意儿童标志是什么？

标志图形	标志名称	标志含义
	校车停靠站点	提醒车辆驾驶人注意此处为校车停靠站点

续表

标志图形	标志名称	标志含义
	注意儿童	注意儿童警告标志主要设在小学校、幼儿园、少年宫等处附近的道路边上，用于警告车辆驾驶人前方是少年儿童的集散地，他们好奇心强，缺乏行为能力，在道路上通行的突然性大，要特别注意，保证安全

● 不按规定避让校车的处罚措施是什么？

处罚依据：《校车安全管理条例》第 52 条。

处罚措施：罚款 200 元。

防扣分提示

校车具有特殊性，具有绝对优先权。很多学生自控能力差，如果处理不好就容易造成事故，因此机动车驾驶人要自觉避让校车。

27 不按规定安装号牌

交规规定

驾驶不按规定安装机动车号牌的机动车上道路行驶的，一次记3分。

真实案例

· 货车未按规定安装号牌，驾驶人被罚200元、记3分 ·

2022年5月初，某公安局交通大队结合道路交通事故预防"减量控大"工作，联合某镇应急办、某镇派出所在G318国道开展夜间整治行动，净化道路交通环境。5月3日21时许，一辆未悬挂号牌的重型仓栅式货车向检查点驶来，交警立即示意驾驶人靠边停车接受检查。交警在检查时发现，该车车尾挂有牌号为渝BV3×××，车头却未悬挂号牌。驾驶人彭某（男，39岁，持B2证）解释说，之前开烂路导致前车牌的螺钉松动，于是就把车牌收起来不挂了。他心存侥幸，大胆上路，结果没想到被交警现场查个正着。根据规定，交警依法对彭某驾驶不按规定安装机动车号牌的机动车上道路行驶的违法行为，处以罚款200元、记3分的处罚。

· 嫌麻烦不安好车牌，修车师傅被罚200元、记3分 ·

2022年5月16日上午11时，某交通大队在汉西路拦下一辆未安装号牌的小车。交警在检查中发现，驾驶人和车辆的各项手续都正常，但两个车牌却被随意摆放在前风窗玻璃处。驾驶人解释说，他姓杨，不是车主，而是附近一家汽车修理厂的工人。经查，这辆车已被原车主转卖，新车主要求过户前好好修理一下车，现在车辆焕然一新，双方约好去办手续，老板就派杨师傅把车送过去。杨师傅觉得修理厂离交易市场大约两站路，开车5min左右就到了，现在把车牌装上，到那边又要卸下，没必要那么麻烦。根据规定，交警依法对杨师傅处以罚款200元、记3分的处罚。

案·例·解·读

● 什么情况会被认定未按规定安装机动车号牌？

以下情况将被认定为未按规定安装机动车号牌。

❶ 将机动车号牌以反装、倒装、弯折等形式安装的。

❷ 使用外置锁式、内藏锁式、电子自动遮挡或更换式活动牌照架进行安装的。

❸ 2009年1月1日以后注册的机动车辆，未使用符合国家标准的专用固封装置对机动车号牌进行固定，或号牌固封装置上压有的省、自治区、直辖市简称和发牌机关代号与号牌不相对应的。

④号牌前方采用有机玻璃、固定防护装置遮挡，影响号牌字符识别的。

⑤在车辆号牌安装处同时安装有其他标牌的。

⑥使用号牌架辅助安装时，号牌架内侧边缘距离机动车登记字符边缘小于5mm的。

⑦车辆出厂时号牌安装位置即处于固定防护装置之后，导致不能有效识别号牌字符的，以及号牌破损未及时更新而影响有效识别号牌字符的。

● 机动车号牌必须要用 4 个螺栓安装吗？

机动车在出厂时，大部分都预留好四个号牌固定的螺栓孔位。如果车辆已经预留好四个固定孔位，而车主没有按照要求去固定号牌，就属于不按规定安装机动车号牌。不过，也有一些老车或是进口车在出厂时并没有预留足够多的号牌固定孔位，在这种情况下，车主用两个固封螺栓去固定机动车号牌是可以的。

● 安装固定机动车号牌时要注意什么？

①安装固定机动车号牌，必须要用交管部门提供的专用固封螺栓。固封螺栓，不仅可以使机动车号牌安装得更加牢固和稳定，而且固封螺栓的盖帽还能起到防盗的作用。

②如果车主没有使用交管部门提供的专用固封螺栓，或是使用可拆卸号牌架安装固定号牌，都属于不按规定安装机动车号牌。

● 不按规定安装机动车号牌的处罚措施是什么？

处罚依据：《中华人民共和国道路交通安全法》第 90 条和第 95 条。

处罚措施：不按规定安装机动车号牌的，公安机关交通管理部门依法处警告或者 20 元以上 200 元以下罚款。

防扣分提示

机动车的号牌是该机动车取得上道路行驶权利的标志，也是发生道路交通违法行为或者发生交通事故后最好的确认违法者或者肇事车的证据线索。因此，驾驶人应当按照规定悬挂机动车号牌。机动车生产时都留有悬挂号牌的固定位置，前后各一处，机动车号牌应当悬挂在车前、车后指定位置。重型、中型载货汽车及其挂车、拖拉机及其挂车的车身或者车厢后部应当喷涂放大的牌号，字样应当端正并保持清晰。

28 不按规定设置警告标志

交规规定

在道路上车辆发生故障、事故停车后，不按规定使用灯光或者设置警告标志的，一次记3分。

真实案例

故障车停在应急车道，驾驶人被罚200元、记3分

2022年4月13日15时30分，某高速公路交警巡逻到G45大广高速公路614km+500m处时，发现一辆半挂货车停在应急车道。该车的后方没有摆放警告标志，非常危险。交警立即在故障车后方摆放锥筒进行安全防护。经了解，该车行驶到该处时突然熄火，无法启动。根据规定，交警依法对半挂货车的驾驶人齐某处以罚款200元、记3分的处罚。

案·例·解·读

● 机动车发生故障时的规定是什么？

❶机动车在道路上发生故障，需要停车排除故障时，应立即开启危险警告灯，将车移至不妨碍交通的地方停放。

❷机动车在道路上发生故障或者发生交通事故后，难以移动至不妨碍交通的地方的，应当持续开启危险警告灯，白天在车后 50m 以上，夜间应当在 100m 以上设置警告标志，同时开启示廓灯和后位灯，必要时报警。

❸机动车在高速公路上发生故障时，应迅速将车移至不妨碍交通的地方停放。故障车难以移动时，要立即开启危险警告灯，在故障车来车方向 150m 以外设置警告标志，车上人员应迅速转移到右侧路肩上或者应急车道内，并迅速报警。机动车在高速公路上发生故障或者交通事故，无法正常行驶时，应当由救援车、清障车拖曳、牵引。

● 牵引故障车的规定是什么？

机动车行驶途中，因故障或损毁丧失正常行驶能力时，为将其转移入库或送修理点维修，常常求助于其他车辆牵引。

❶被牵引的机动车除驾驶人外，不得载人，不得拖带挂车。

❷被牵引的机动车宽度不得大于牵引车的宽度。

❸使用软连接牵引装置时，牵引车与被牵引车之间的安全距离应大于 4m 小于 10m。

❹对制动失效的被牵引车，应当使用硬连接牵引装置牵引。

❺牵引和被牵引的机动车均应当开启危险警告灯。

❻汽车吊车和轮式专用机械车不得牵引车辆。

❼摩托车不得牵引车辆或者被其他车辆牵引。

❽转向或者照明、信号装置失效的故障车，应当使用专用清障车拖曳。

● 不按规定设置警告标志的处罚措施是什么？

处罚依据：《中华人民共和国道路交通安全法》第 90 条。

处罚措施：警告或者 20 元以上 200 元以下罚款。

防扣分提示

❶ 无论什么原因都要随车携带危险警告牌，并定期检查危险警告牌是否有损坏，如果出现破损应及时修理或者更新。

❷ 白天在普通公路上设置危险警告牌时，要把警告牌设在来车方向 50～100m 的地方。如果在高速公路上，则要设置在来车方向最少 150m 的地方。如果是在夜晚或光线条件差的环境，危险警告牌的距离相应增加，确保自身及道路通行安全。如果遇上风大的环境，还要使用石头等压住危险警告牌，避免被吹倒。

❸ 设立危险警告牌的时候，要双手拿着警告牌，反光面向外，向来车方向走。设置危险警告牌之前，一定要把故障或事故车辆的危险警告灯打开。

❹ 危险警告牌应放在车辆所在车道内。如果车辆停放在紧急停车道上的话，危险警告牌放在车道后方偏左一点的车道内。千万不要出现车辆停在中间车道，却把危险警告牌放在最外或者最内侧车道的情况。

❺ 如果车辆在坡路出现故障无法移动，一定要把危险警告牌放在坡顶或坡底，这样才能提早提示后车注意。

❻ 如果车辆在弯路出现故障无法移动，一定要把危险警告牌放在入弯前的道路上，告知其他车辆减速慢行。

29 逾期未检

交规规定

驾驶未按规定定期进行安全技术检验的公路客运汽车、旅游客运汽车、危险物品运输车辆上道路行驶的，一次记 3 分；驾驶未按规定定期进行安全技术检验的公路客运汽车、旅游客运汽车、危险物品运输车辆以外的机动车上道路行驶的，一次记 1 分。

真实案例

甘肃交警曝光全省 150 辆逾期未检验的旅游客运和公路客运车辆

2022 年 5 月 22 日，甘肃交警曝光全省 150 辆逾期未检验的旅游客运车辆、公路客运车辆，截止日期为 5 月 12 日。甘肃交警要求车辆所属相关企业负责人、管理人和驾驶人尽快年检车辆，同时提醒"驾驶未按规定定期进行安全技术检验的公路客运汽车、旅游客运汽车、危险物品运输车辆上道路行驶的，罚款 200 元，驾驶证记 3 分"。

◦ 小车逾期未年检，驾驶人被罚 200 元、记 1 分 ◦

2022 年 4 月 18 日上午，某交通大队警官在人民东路二中巴士站路段查获了一辆逾期未年检的灰色大众小轿车，这辆牌号为粤 CS××85 的小轿车年检有效期至 2021 年 11 月 30 日。驾驶人薛某解释说，这是公司的车，他也不知道车辆年检到期了。根据规定，警官对驾驶人薛某进行安全教育，并依法处以罚款 200 元、记 1 分的处罚。

案·例·解·读

● 机动车进行安全技术检验的规定是什么？

机动车应当从注册登记之日起，按照下列期限进行安全技术检验。

❶营运载客汽车 5 年以内每年检验 1 次；超过 5 年的，每 6 个月检验 1 次。

❷载货汽车和大型、中型非营运载客汽车 10 年以内每年检验 1 次；超过 10 年的，每 6 个月检验 1 次。

❸小型、微型非营运载客汽车 10 年以内每 2 年检验 1 次；超过 10 年的，每年检验 1 次。

❹摩托车 10 年以内每 2 年检验 1 次；超过 10 年的，每年检验 1 次。

❺拖拉机和其他机动车每年检验 1 次。

需要注意的是，营运机动车在规定检验期限内经安全技术检验合格的，不再重复进行安全技术检验。

● 什么是 6 年免检？

6 年免检，是指注册登记 6 年以内符合标准的车辆，每 2 年定期检验时免于到检验机构进行上线安全技术检验，但仍需要按时领取检验合格标志。

● 哪些车辆可以享受 6 年免检？

6 年免检适用车型为：注册登记 6 年以内的非营运轿车和其他小型、微型载客汽车（面包车除外）、摩托车。需要提醒的是，6 年免检不等于不检。6 年免检是指车辆免于到检验机构上线检测，但每 2 年仍需申领检验合格标志。

对检验周期的优化，包括对于符合 6 年免检的机动车，需在注册登记后的第二年、第四年，通过"交管 12123"APP 或到车管业务窗口申领检验合格标志，无须上线检测；第六年开始正常上线检测。对非营运小型、微型载客汽车（面包车除外）超过 6 年不满 10 年的，由每年检验 1 次调整为每 2 年检验 1 次，即在第六年、第十年上线检验；对于超过 10 年的非营运小型、微型载客汽车（面包车除外）和摩托车，每年检验 1 次。

需要注意的是，出厂超过 4 年未办理注册登记的机动车、出厂超过 5 年未办理注册登记的摩托车、注册登记 6 年内发生过造成人员伤亡交通事故的车辆、非法改装被依法处罚的车辆，都不在免检之列。

● 6 年免检车辆如何通过"交管 12123"APP 申领检验合格标志？

目前，全国已经全面实行检验标志电子化。机动车检验标志电子凭证可以通过"交管 12123"APP 实时在线出示、下载离线出示，也可以下载后打印为纸质方式出示。机动车检验标志电子凭证与纸质凭证具有同等效力，机动车可以不放置（粘贴）检验标志。

申领步骤如下。

❶打开"交管 12123"APP，点击"更多"，在"业务中心"中找到"免检车申领检验标志"，即可为已备案的本人免检机动车申领检验标志。

❷选择免检车申领检验标志的机动车，阅读"申领免检标志业务须知"后点击"阅读并同意"进入车辆信息确认页面。

❸确认完毕车辆信息后，点击"下一步"进入邮寄地址选择页面，选择邮寄地址后进入信息确认提交页面，请核对好所有信息后，获取手机短信验证码，核验通过后，点击"提交"即可完成免检车申领检验标志业务申请信息提交。

❹交强险和车船税联网核查不通过的用户需要上传交强险、车船税凭证照片，后面步骤如上。提交成功后，可以通过"首页"中的"网办进度"随时查看业务进展。

● 车辆免检需要提交的材料有什么？

对免于到机动车安全技术检验机构检验的机动车，机动车所有人申请检验合格标志时，应当提交机动车所有人身份证明或者行驶证、机动车交通事故责任强制保险凭证、车船税纳税或者免税证明。车辆管理所应当自受理之日起 1 日内，审查提交的证明、凭证，核发检验合格标志。

● 为什么 6 年免检不等于 6 年免审？

6 年免检，指的是 6 年内免除车辆到检测站上线检测的程序，而这个程序只是车辆年审中的一个步骤，车主仍需每 2 年到交管部门领取检验合格标志，办理相关年审手续。到第六年，车辆需上线年检。

● 年检和年审有什么区别？

年检针对的是车，是指每辆车都必须要通过的一项检测，相当于给车辆做体检，及时消除车辆安全隐患，减少交通事故的发生。年审针对的是车和人，不仅需要对车做安全检查，还要对车主的行驶证、驾驶证、保险做审查，车主还要处理好交通违法行为。年审日期的计算方法，车主可以从自己行驶证副本上得知。例如，行驶证副本上写着"检验有效期至 2022 年 12 月"，那么年审日期就是检验有效期前 3 个月（含当月），即为 2022 年 10 月至 12 月。

● 机动车检验合格标志灭失或损毁怎么办？

机动车检验合格标志灭失、丢失或者损毁，机动车所有人需要补领、换领的，可以持机动车所有人身份证明或者行驶证向车辆管理所申请补领或者换领。对机动车交通事故责任强制保险在有效期内的，车辆管理所应当自受理之日起 1 日内补发或者换发。

● 逾期未检验的危害有什么？

❶ 存在较大安全隐患：机动车逾期未检验，就无法及时发现机动车制动、转向、灯光等安全系统存在的问题，不能及时保养和维修，上路行驶存在重大的安全隐患。

❷ 发生事故无法理赔：根据机动车保险的相关规定，车辆未按规定检验或检验不合格发生保险事故时，保险公司不承担赔偿责任，车主将无法获得理赔。

❸ 一旦上路将被查扣：根据《中华人民共和国道路交通安全法》和《机动车登记规定》，机动车未按照规定期限进行安全技术检验的，将被处以罚款并暂扣车辆。

❹ 车辆强制报废：根据《机动车强制报废标准规定》，在检验有效期届满后连续 3 个机动车检验周期内未取得机动车检验合格标志的，车辆应当强制报废。也就是说，车辆虽然未达到报废年限，但是连续 3 个检验周期未检验的，车辆也将被强制报废。

● 逾期未检的处罚措施是什么？

处罚依据：《机动车登记规定》第 78 条第 4 项。

处罚措施：机动车未按照规定期限进行安全技术检验的，处警告或者 200 元以下罚款。

防扣分提示

对登记后上道路行驶的机动车，应当依照法律、行政法规的规定，根据车辆用途、载客载货数量、使用年限等不同情况，定期进行安全技术检验。

30 校车隐患

交规规定

驾驶校车上道路行驶前，未对校车车况是否符合安全技术要求进行检查，或者驾驶存在安全隐患的校车上道路行驶的，一次记 3 分。

真实案例

● 校车霸道行驶被举报，驾驶人被罚 100 元、记 3 分 ●

2022 年 5 月 6 日 17 时 25 分，某交通中队接到群众举报："一辆牌号为鄂 K7××××的校车在辖区路口强行变道超车，有安全隐患。"接警后，交警迅速调取该路口的视频资料，经与举报人核实确认违法车辆。随后，交警第一时间与该校车公司负责取得联系，约谈其校车公司负责人和涉事驾驶人。根据规定，交警依法对涉事驾驶人处以罚款100元、记3分的处罚，同时下达整改通知书要求该校车公司限期进行整改。

案·例·解·读

● 对校车注册登记、安检等方面有什么规定？

校车关系到未成年学生的人身安全，一旦发生交通事故将会造成恶劣的社会影响，新交规在校车办理注册登记、检验和报废等方面规定了更加严格的措施。

❶ 校车上牌前必须进行检验：规定校车在办理注册登记前必须进行安全技术检验，保证校车的安全技术性能。

❷ 校车每6个月进行1次检验：规定校车必须每6个月进行1次机动车安全技术检验，同时考虑到校车一般不涉及跨地区运行，规定校车不得委托异地检验，加强属地管理。

❸ 校车报废要由车辆管理所监督解体：规定达到报废标准的校车必须在车辆管理所的监督下解体，杜绝报废校车继续上路行驶。

● 校车加油时要注意什么？

校车驾驶人不得在校车载有学生时给车辆加油。校车在加油时，应当先让学生下车，因为加油站属于高危区域，而学生自我保护能力差，紧急逃生和避险能力弱于成年人。

● 对"校车隐患"的处罚措施是什么？

处罚依据：《校车安全管理条例》第44条至第46条、第48条、第53条。

处罚措施如下。

❶ 使用拼装或者达到报废标准的机动车接送学生的，由公安机关交通管理部门收缴并强制报废机动车；对驾驶人处2000元以上5000元以下的罚款，吊销其机动车驾驶证；对车辆所有人处8万元以上10万元以下的罚款，有违法所得的予以没收。

❷ 使用未取得校车标牌的车辆提供校车服务，或者让未取得校车驾驶资格的人员驾驶校车的，由公安机关交通管理部门扣留该机动车，处1万元以上2

万元以下的罚款，有违法所得的予以没收。伪造、变造或者使用伪造、变造的校车标牌的，由公安机关交通管理部门收缴伪造、变造的校车标牌，扣留该机动车，处 2000 元以上 5000 元以下的罚款。

❸ 不按照规定为校车配备安全设备，或者不按照规定对校车进行安全维护的，由公安机关交通管理部门责令改正，处 1000 元以上 3000 元以下的罚款。

❹ 校车驾驶人有下列情形之一的，由公安机关交通管理部门责令改正，可以处 200 元罚款：a. 驾驶校车运载学生，不按照规定放置校车标牌、开启校车标志灯，或者不按照经审核确定的线路行驶；b. 校车上下学生，不按照规定在校车停靠站点停靠；c. 校车未运载学生上道路行驶，使用校车标牌、校车标志灯和停车指示标志；d. 驾驶校车上道路行驶前，未对校车车况是否符合安全技术要求进行检查，或者驾驶存在安全隐患的校车上道路行驶；e. 在校车载有学生时给车辆加油，或者在校车发动机熄火前离开驾驶座位。

❺ 未依照《校车安全管理条例》规定指派照管人员随校车全程照管乘车学生的，由公安机关责令改正，可以处 500 元罚款。

防扣分提示

　　近年来，接送孩子上下学成为家长的烦心事，而校车的出现让家长们看到了新的希望。但是，不少没有营运执照以及超载严重的非专业校车的存在导致交通事故频发。新交规的施行，让专业校车成为大家心目中的"安全保证"。因此，作为校车驾驶人，应做到坚决杜绝不安全因素与不法行为，真正为广大中小学生系上"安全带"，让校车"跑"得更安全。

31 高速路低速行驶

交规规定

驾驶机动车在高速公路上行驶低于规定最低时速的，一次记3分。

真实案例

· 高速路"龟速"行驶，驾驶人被罚200元、记3分 ·

2022年5月6日凌晨0时30分，某高速交警在G4012溧宁高速辖区正常执勤巡逻。突然，交警发现前方一辆车正在低速行驶，经过速度检测点时实测值仅为38km/h，属于低速驾驶。交警迅速锁定车辆，固定违法行为。当交警询问时，驾驶人的回答让人大跌眼镜："我一般不喜欢开快车的……交通法没有哪条规定不能开30多迈……"根据规定，交警依法对驾驶人处以罚款200元、记3分的处罚。

案·例·解·读

● 我国高速公路对最低车速有什么限制？

在高速公路上行驶，不能太快，也不能太慢。因为，我国高速公路对最低车速也有规定，在正常行驶时，最低车速不得低于 60km/h，正常情况下驾车低于此车速也是被严格禁止的。

● 高速公路低速行驶的危害是什么？

在高速公路上低速行驶，不仅影响了高速公路整体的行车效率，还很容易引发追尾、剐擦事故，严重的甚至会造成人员伤亡。可以说，低速行驶就是高速公路的隐形杀手。

● 在高速公路上行驶低于规定最低时速的处罚措施是什么？

处罚依据：《中华人民共和国道路交通安全法》第 90 条。

处罚措施：警告或者 20 元以上 200 元以下罚款。

防扣分提示

驾驶机动车进入高速公路行车道后，要严格遵守"分道行驶、各行其道"的原则和速度规定。但是，在遇有大风、雨、雪、雾天或者路面结冰时，应当减速行驶，在这些情况下以保证行车安全为主，可以低于规定最低车速行驶。

第五章

一次记 1 分
的违法行为

32 违法会车

交规规定

驾驶机动车不按规定会车的，一次记 1 分。

真实案例

货车会车未减速，发生事故负全责

2022 年 5 月 14 日 18 时许，吴某某驾驶牌号为湘 KA×××0 的轻型仓栅式货车，行驶到某路段时，遇对向来车未减速行驶，与对向行驶的重型自卸货车发生碰撞，造成两车不同程度受损的交通事故。交警认定，吴某某不按规定会车，负这次事故的全部责任。

着急送医，驾驶人不按规定会车被免于处罚

2022 年 4 月 5 日，有网友举报牌号为鄂 EKR××× 的车辆在 G347 国道某路段会车时违反规定。当时，视频显示车上有 2 个孩子，所幸没有发生碰撞，但是非常吓人。公安局交通大队对举报高度重视，很快就找到了该车辆的驾驶人徐某某。经查，徐某某当时确因小孩生病着急送医，驾驶牌号为鄂 EKR××× 的车辆于 2022 年 4 月 5 日 10 时 38 分在该路段实施了机动车不按

规定会车的违法行为。交警对徐某某进行了安全教育，并对其"特殊情况"免于处罚。

案·例·解·读

● 什么是会车？

会车就是指机动车在车行道相向交错行驶的过程。

● 会车的规定有什么？

在没有中心隔离设施或者没有中心线的道路上，机动车遇相对方向来车时应当遵守下列规定。

❶减速靠右行驶，并与其他车辆、行人保持必要的安全距离。

❷在有障碍的路段，无障碍的一方先行。但是，有障碍的一方已驶入障碍路段而无障碍的一方未驶入时，有障碍的一方先行。

❸在狭窄的坡路，上坡的一方先行。但是，下坡的一方已行至中途而上坡的一方未上坡时，下坡的一方先行。

❹在狭窄的山路，不靠山体的一方先行。

❺夜间会车，应当在距相对方向来车150m以外改用近光灯，在窄路、窄桥与非机动车会车时应当使用近光灯。

● 什么是违法会车？

违法会车，就是指在路口会车时抢行通过，在道路上会车时越线占道行驶，以及会车时不按规定使用灯光等违法驾驶行为。

● 违法会车的危害是什么？

❶路口会车时抢行通过：这种情形，大多是因为驾驶人不愿意减速停车，想抢在其他车辆占用道路之前高速通过。路口交通情况复杂，如果会车双方都不减速，必然会造成交通冲突，除了增加碰撞、剐擦事故概率外，还会对其他交通参与者构成威胁。

❷路上会车时越线占道行驶：这种情形，大多发生在超车时。越线占道行驶增加了正面碰撞的危险性，尤其是当驾驶人错误估计速度差，既不能完成超车，又无法躲避正面正常行驶的车辆时，碰撞或剐擦是避免不了的，加上高速行驶，事故的严重性可想而知。

❸会车时不按规定使用灯光：这种情形，表现为夜间行驶时驾驶人使用远

光灯，或频闪远光灯，造成对向驾驶人眩目，失去判断能力，是一种非常危险的驾驶行为。

● 和会车有关的主要标志有哪些?

标志图形	标志名称	标志含义
	会车让行	会车让行禁令标志，一般设置在会车困难的狭窄路段，表示会车时必须让对方车辆先行
	会车先行	会车先行指示标志，一般设立在需要会车的车道前适当位置，表示该车道车辆在会车时先行
	双向交通	双向交通警告标志，一般设在双向行驶路段前 30 ~ 50m 的地方，在单向车道改为双向行驶的路段设置这种标志，用于警告车辆驾驶人改变单向行驶、对面不会有来车的意思，特别要注意会车的安全

● 违法会车的处罚措施是什么?

处罚依据：《中华人民共和国道路交通安全法》第 90 条。

处罚措施：警告或者 20 元以上 200 元以下罚款。

防扣分提示

会车是驾驶中发生最为频繁的事情，同时也是最易发生侧碰、侧剐事故的驾驶环节，驾驶人应注意安全。

❶ 会车时，如果遇到障碍物，只能单车通过，应避免"三点一线"。

❷ 车辆交会时，应遵守距离较近、车速较快、前方无障碍物一方车辆先行的原则。如果来车速度较慢或离障碍物较远时，应果断加速超越障碍物后驶入右侧并交会，也可根据需要适当降低车速，在超越障碍物前与来车交会。

❸有的公路路基土质较松软，注意不要因过于靠边压坏路基而造成翻车。

❹在窄于 5m 的道路上会车，车速要控制在 15km/h 以下。

❺在没有隔离带的双车道上会车，可先减速然后靠右，控制车速，稳住方向盘，同时照顾道路两旁的情况，以保证会车时有足够的横向间距。

❻在窄而陡的坡道上会车困难时，下坡车应让上坡车先行，避免在坡道上交会。

❼尽量避免在特殊道路环境下会车，比如桥梁、隧道、涵洞、急弯等处。

㉝ 不按规定倒车和掉头

交规规定

驾驶机动车在高速公路、城市快速路以外的道路上不按规定倒车、掉头的，一次记 1 分。

真实案例

大货车盲目倒车撞小车，驾驶人被罚100元、记1分

2022年5月5日16时48分，在龙吉高速湖南某收费站出站通道，一辆重型半挂车驾驶人在没有仔细观察的情况下，就开始盲目倒车。后方小车驾驶人使劲按喇叭提醒，大货车依旧我行我素，最终径直撞上小车车头并推行了数米远。交警认定，大货车驾驶人曾某不按规定倒车，负这次事故的全部责任，并依法对其处以罚款100元、记1分的处罚。

小轿车随意掉头被举报，驾驶人被罚100元、记1分

2022年4月，一位网友向某交通大队举报一辆牌号为川R334××的别克小型轿车实线随意掉头，并附上相关视频。接到举报信息后，交警立即调取沿线监控进行核实，发现这辆牌号为川R334××的别克轿车确实存在交通违法行为。交警联系车主游某某，要求其到交警大队接受教育和处罚。当天，游某某来到交通大队，接受了罚款100元、记1分的处罚。

案·例·解·读

● 倒车的规定是什么？

❶ 倒车时，要察明车后情况，确认安全后倒车。

❷ 不得在铁路道口、交叉路口、单行路、桥梁、急弯、陡坡或者隧道中倒车。

● 掉头的规定是什么？

❶ 掉头时，要严格控制车速，仔细观察道路前后方情况，确认安全。

❷ 在没有禁止掉头或者没有禁止左转弯标志、标线的地点可以掉头，但不得妨碍正常行驶的其他车辆和行人的通行。

❸ 在有禁止掉头或禁止左转弯标志、标线的地点以及在铁路道口、人行横道、桥梁、急弯、陡坡、隧道或容易发生危险的路段，不得掉头。

● 倒车时要注意什么？

❶ 倒车时，不可在车后情况不明时盲目倒车。

❷ 倒车前，要仔细观察倒车路线，确认具备安全倒车条件后，方能进行倒车。即便是后方道路条件较好，也不得加速倒车。

❸ 在一般道路上倒车，应避开交通繁忙、非机动车和行人较多、路面狭窄

的路段。倒车时，如果发现有过往车辆通过，应主动停车避让。因掉头需要倒车时，选择在不影响正常交通的地段进行。

❹ 倒车时，应随时注意动态环境变化。比如，上车时车后还没有障碍，但驾驶人在上车和启动过程中情况发生了变化，车后出现行人等"活动障碍"，而障碍又在后视盲区内，发现不了就很容易造成事故。

❺ 在环境复杂或较窄的通道倒车时，调整方向应谨慎，避免发生打反方向而造成车辆某个部位被剐擦，或其他危险情况发生。

❻ 在危险地段倒车时，应将车头对着危险地段，车尾对着安全地段，以便于观察。

❼ 任何时候都不要完全依赖后视镜、倒车雷达之类的东西。

❽ 倒车一定要慢。即使失手，足够慢的车速也不会造成太大的损失。

❾ 转向倒车时，应掌握"慢行车、快转向"的操作方法，倒车时要注意车前车后情况。由于倒车转弯时，前外侧车轮轨迹的弯曲度大于后轮，因此在照顾全车动向的前提下，还要特别注意前外侧的车轮，避免它碰到路旁的物体。左转向倒车时，如车尾要倒向左（或右）方，方向盘也应向左（或右）方相应回转，回转程度应视转向时车身位置和车速而定，不能在汽车已停止后再强力回转方向盘。

❿ 倒车时的车速不应超过 5km/h。

●掉头时要注意什么？

❶ 车辆掉头时，尽量选择广场、交叉路口或平坦宽阔、土质坚实的安全地段进行，避免在坡道、道路狭窄、路基较高或两侧有深沟等路面复杂的路段或交通繁杂的地方进行。

❷ 在较宽阔的道路上，适合大迂回一次顺车掉头，既方便又安全。

❸ 在有交通指挥人员的地方，事先发出掉头信号，得到指挥人员的许可并示意后，降低车速，鸣喇叭，慢车行驶掉头。

❹ 在一些特殊路段掉头需要特别注意，如遇倾斜路面或特别狭窄路面，则在使用制动踏板时还须使用驻车制动器，等车停稳后再挂挡前进或后退。

❺ 在路口掉头是相对危险的动作，在计划出行路线时尽量避免在路口掉头。如果要在路口掉头，要选择虚线处进行，实线处不得掉头。

❻ 在允许掉头的路段或路口掉头时，提前开启左转向灯，进入左侧掉头导

向路段，在不影响其他车辆正常行驶的情况下向左侧变更车道，按交通标志的指向完成掉头。进入路口实线区后，不得向左变道。

❼ 在无隔离设施允许掉头的路段掉头，先要仔细观察道路交通情况，必要时停车观察，确认车辆前后无车辆或行人通过时，方可打开左转向灯进行掉头。掉头时，不得妨碍正常行驶的其他车辆和行人正常通行。

❽ 如果路口较窄，不能一次完成掉头，可先向右打方向盘，让车往右靠点，甚至借用点右侧车道，这需要观察好后车的情况，确认安全后再往右靠，然后再打左转向灯开始掉头。

❾ 在路口掉头尽量不要采取倒车的方法。万不得已时，要在确认安全后采取倒车掉头的方式。

❿ 在城市街道掉头，一定要有耐心，等找到设有掉头标志的地方才可掉头。否则，很容易造成交通堵塞，稍有不慎就会发生刮蹭事故。

⓫ 掉头的每一次前进或后倒过程中，都要认真观察车辆后侧及两侧道路的交通情况并确认安全，充分考虑车辆的前端和后端距障碍物的距离，以防发生意外。

⓬ 在高速公路上是严禁掉头的。如果超过要驶出的路口，只能选择下一路口驶出，切不可慌张倒车，更不可冒险掉头、逆行折返。

● 在高速公路、城市快速路以外的道路上不按规定倒车、掉头的处罚措施是什么？

处罚依据：《中华人民共和国道路交通安全法》第90条。

处罚措施：警告或者20元以上200元以下罚款。

防扣分提示

倒车过程中，不要"顾尾不顾头"，应注意车头及其两角区域。掉头时，应尽量选择在广场、岔路口或平坦、宽阔、土质坚实的地段进行。如果没有上述理想的地段，也应选择路旁有空地等可利用的地点掉头。

34 不按规定使用灯光

交规规定

驾驶机动车不按规定使用灯光的，一次记1分。

真实案例

开着"独眼"大众，驾驶人被罚100元、记1分

2022年4月15日20时50分，某交警支队交警在辖区路段夜查时，看见一辆大众朗逸小轿车驶入检查点。细心的交警发现，该车的左前照灯不亮，右前照灯为远光灯状态。驾驶人何某解释说，自己不清楚车辆的左前照灯损坏，也没感觉到是开着远光灯。根据规定，交警依法对"独眼"朗逸的驾驶人何某处以罚款100元、记1分的处罚。

案·例·解·读

● 驾驶人乱用远光灯的原因有什么？

对于驾驶人乱用远光灯的原因，交警发现主要包括以下五类。

❶ 刚刚拿到驾驶证，根本不知道怎样变换使用远近光灯的驾驶人。

❷ 压根就没察觉自己开了远光灯的驾驶人。

❸ 仗着驾车技术好、经验丰富，根本不顾他人感受的"自私"驾驶人。

❹ 改装了车灯故意炫耀的驾驶人。

❺ 报复对面开着远光灯的驾驶人。

● 乱用远光灯的危害是什么？

❶ 夜晚会车时，远光灯会使对向驾驶人视觉上瞬间致盲，对周围的行人以及前后来车的观察能力大大下降。

❷ 开启远光灯，会让对向来车误判你的车速和距离，容易引发事故。

❸ 远光灯所产生的超大光晕会占据人眼视觉中很大一部分面积，从而使得对向驾驶人对来车的宽度以及身后情况的判断力下降，容易误操作。

● 遇到对方一直开远光灯该怎么办？

❶ 变换远近光灯，提醒对向车辆驾驶人关闭远光灯。

❷ 不要正视远光灯，可将视线下移到前方路面，这样能减少远光灯对眼睛的刺激。

❸ 提前观察，尽量不要紧急制动或急打方向盘，以防发生交通事故。

● 后方车辆开远光灯跟车行驶怎么办？

❶ 调整视线角度，让后视镜反射的强光尽量少折射到眼睛上。

❷ 变道或转弯的时候尤其要小心，因为后视镜往往是白花花的一片，什么都看不清楚，这时尽量不要变道，同时在看清楚后方的路况后再转弯。

❸ 如果后车持续开远光灯，可以采用间断轻踩制动踏板的方式对后车进行提示。

● 除远光灯外，不按规定使用灯光还包括哪些？

包括左转弯、向左变更车道、准备超车等情况下，未开启左转向灯；右转弯、向右变更车道、超车完毕驶回原车道等情况下，未开启右转向灯。这些情况按规定都记 1 分。

● 如何抓拍不按规定使用灯光？

目前，市面上绝大多数车辆在开启或关闭"远光灯"状态时的"灯束"数量、光照强度或光照仰角是不一样的，新型电子警察设备主要是利用这一感光判断技术手段，来抓拍机动车"不按规定使用灯光"。在抓拍时，电子警察可以对机动车远光灯进行抑制，抑制后的画面既可以看清它的车辆灯束数量，也可以拍到违法车辆号牌。

● 大货车安装腰灯违法吗？

腰灯大多安装在货车车身中段两侧及尾部，夜间开启后光线非常刺眼，后射距离又较远，会给后方驾驶人造成短时视觉障碍，极易发生事故。根据《中华人民共和国道路交通安全法》的规定，货车安装"腰灯"属于私自违法加装车辆照明设施，一旦被公安机关交通管理部门发现，就会被立即要求拆除整改，并依法处罚。

● 夜间开车不开灯也违法吗？

不按规定使用远光灯的危害，很多驾驶人都明白，而且知道这是违法行为。不过，不少人不知道另一项不按规定使用灯光的违法行为，那就是夜间开车不开灯。

● 机动车灯光的使用规定是什么？

灯光主要包括转向灯、前照灯、后位灯、示廓灯、制动灯等。驾驶人必须保证灯光齐全、有效，并按照道路交通安全法规的要求正确使用。

❶机动车在夜间路灯开启期间，应当开启前照灯、示廓灯和后位灯。

❷向左转弯、向左变更车道、准备超车、驶离停车地点或者掉头时，应当提前100m至50m开启左转向灯。

❸向右转弯、向右变更车道、超车完毕驶回原车道、靠路边停车时，应当提前100m至50m开启右转向灯。

❹机动车在夜间没有路灯、照明不良或者遇有雾、雨、雪、沙尘、冰雹等低能见度情况下行驶时，要开启前照灯、示廓灯和后位灯，但同方向行驶的后车与前车近距离行驶时，不得使用远光灯。雾天行驶，还应当开启雾灯和危险警告灯。

❺机动车在夜间通过急弯、坡路、拱桥、人行横道或者没有交通信号灯控制的路口时，应当交替使用远近光灯示意。

❻机动车在行驶中不得使用危险警告灯，但道路交通安全法律、法规规定的牵引与被牵引的机动车、道路作业车辆、警车护卫的车队以及低能见度气象条件下行驶的机动车除外。

● 不按规定使用灯光的处罚措施是什么？

处罚依据：《中华人民共和国道路交通安全法》第90条。

处罚措施：警告或者20元以上200元以下罚款。

防扣分提示

为了自己和他人的安全，机动车驾驶人不要抱有侥幸心理违规使用灯光，以免被电子警察拍到从而罚款、扣分，或者造成事故而承担责任。

35 违反禁令标志、禁止标线

交规规定

驾驶机动车违反禁令标志、禁止标线指示的，一次记 1 分。

真实案例

· 小轿车实线变道，驾驶人被罚 100 元、记 1 分 ·

2022 年 4 月 22 日，某交警支队接到网友举报，在辖区某路段交叉口有小型轿车跨越实线变道。接到网友举报后，支队立即对该车违法情况进行核查。经查：违法驾驶人叫韩某，2022 年 4 月 22 日 10 时 7 分驾驶牌号为豫QQ×××7 的小型轿车，在该交叉口违规实线变道。根据规定，交警依法对驾驶人韩某处以罚款 100 元、记 1 分的处罚。

> **出租车实线变道被举报，驾驶人被罚 100 元、记 1 分**

2022 年 5 月 6 日，某交警大队接到网友举报："一辆出租车在辖区某路段横跨三车道，妨碍后方正常直行车辆行驶，存在安全隐患，望交警部门予以处理。"经过交警核查，网友举报的情况属实，于是立即联系该车驾驶人王某到大队接受处罚。根据规定，交警依法对驾驶人王某处以罚款 100 元、记 1 分的处罚。

案·例·解·读

● **什么是禁令标志？**

禁令标志是禁止或限制车辆、行人交通行为的标志。

● **禁令标志什么样？**

禁令标志的形状绝大多数为圆形，只有两个分别为等边八角形和顶角向下的等边三角形。除个别标志外，颜色多为白底、红圈、红杠、黑图案，图案压杠。

禁令标志的图形与含义

含义	图形	含义	图形
停车让行		禁止通行	
减速让行		禁止驶入	
会车让行		禁止机动车驶入	

续表

含义	图形	含义	图形
禁止载货汽车驶入		禁止摩托车驶入	
禁止电动三轮车驶入		禁止某两种车辆驶入	
禁止大型客车驶入		禁止非机动车进入	
禁止小型客车驶入		禁止畜力车进入	
禁止挂车、半挂车驶入		禁止人力客运三轮车进入	
禁止拖拉机驶入		禁止人力货运三轮车进入	
禁止三轮汽车、低速货车驶入		禁止人力车进入	

续表

含义	图形	含义	图形
禁止行人进入		禁止掉头	
禁止向左转弯		禁止超车	
禁止向右转弯		解除禁止超车	
禁止直行		禁止停车	
禁止向左向右转弯		禁止长时停车	
禁止直行和向左转弯		禁止鸣喇叭	
禁止直行和向右转弯		限制宽度	3m

含义	图形	含义	图形
限制高度	3.5m	海关	海关 DOUANE
限制质量	10t	区域限制速度	30 区域
限制轴重	10t	区域限制速度解除	30 区域
限制速度	40	区域禁止长时停车	区域
解除限制速度	40	区域禁止长时停车解除	区域
停车检查		区域禁止停车	区域
禁止运输危险物品车辆驶入		区域禁止停车解除	区域

● 什么是禁止标线?

禁止标线是用以告示道路交通的通行、禁止、限制等特殊规定，车辆驾驶人及行人需严格遵守的标线。

● 禁止标线什么样?

禁止标线常见的有禁止超车线、停止线、让行线等。

禁止标线的含义、作用与图形

标线特征	含义	作用	图形
双黄实线	禁止跨越对向车行道分界线	禁止双方向车辆越线或压线行驶	
黄色虚实线	禁止跨越对向车行道分界线	实线一侧禁止车辆越线或压线行驶，虚线一侧准许车辆暂时越线或转弯	
单黄实线	禁止跨越对向车行道分界线	禁止双方向车辆越线或压线行驶	
双黄实线中黄色斜线填充	禁止跨越对向车行道分界线	禁止双方向车辆越线或压线行驶	

续表

标线特征	含义	作用	图形
双黄实线	禁止跨越同向车行道分界线	设于交通繁杂而同向有多条车行道的路段，用于禁止车辆跨越车行道分界线进行变换车道或借道超车	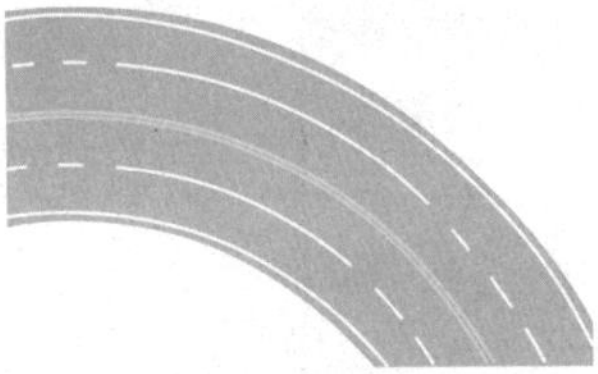
图示人行道边缘黄色虚线	禁止长时停车线	用以禁止路边长时停放车辆	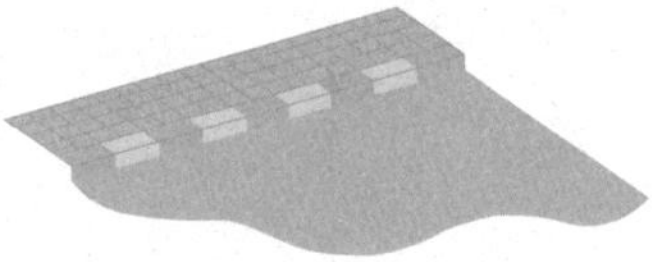
图示人行道边缘黄色实线	禁止停车线	用以指示禁止路边停放车辆	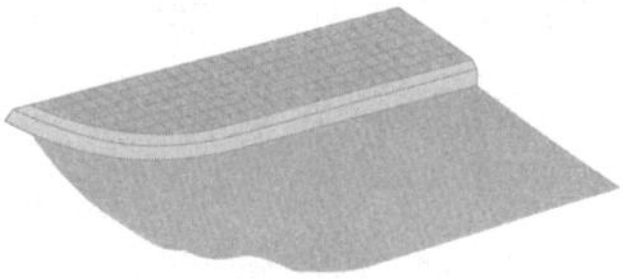
单条白实线	停止线	表示车辆让行、等候放行等情况下的停车位置	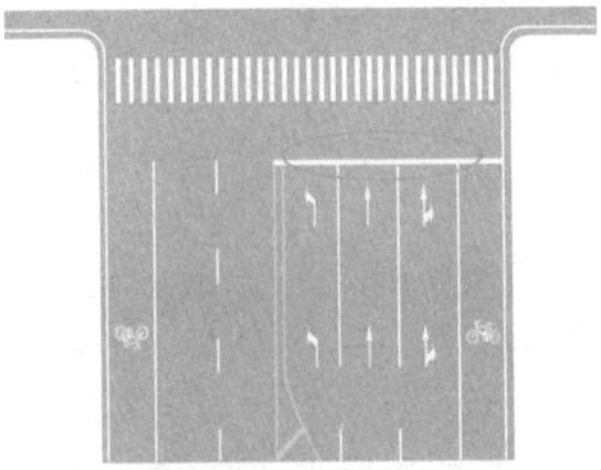
两条平行白色实线和一个白色"停"字	停车让行线	表示车辆在此路口停车让干道车辆先行	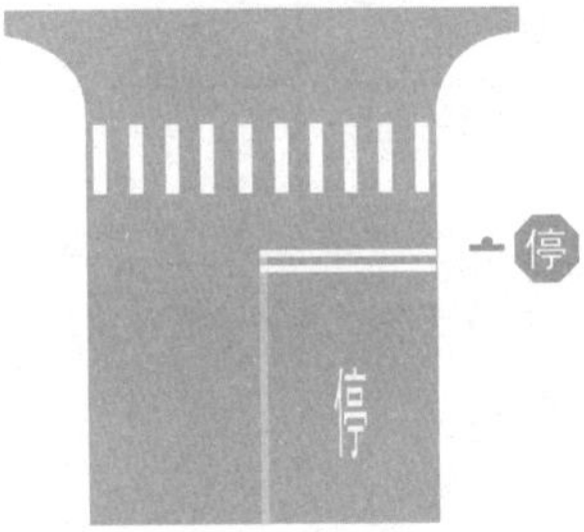

续表

标线特征	含义	作用	图形
两条平行的白色虚线和一个白色倒三角形	减速让行线	表示车辆在此路口应减速让干道车辆先行	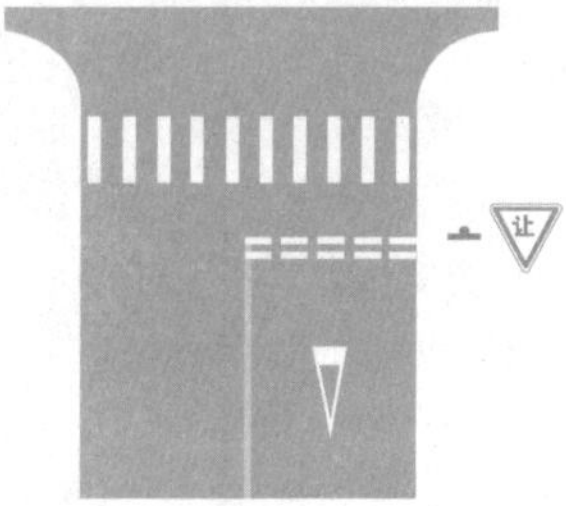
图示白色图案	导流线	表示车辆需按规定的路线行驶，不得压线或越线行驶	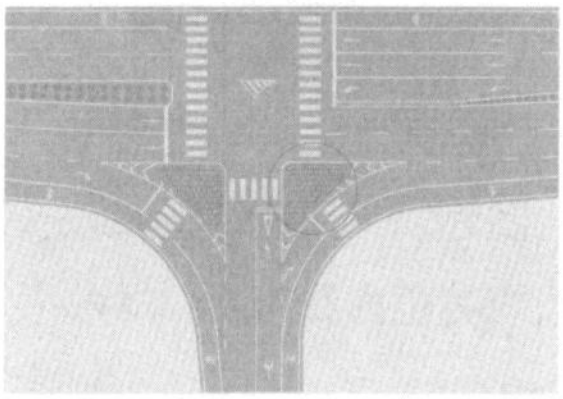
白色圆形	中心圈	用以区分车辆大、小转弯或作为交叉口车辆左右转弯的指示，车辆不得压线行驶	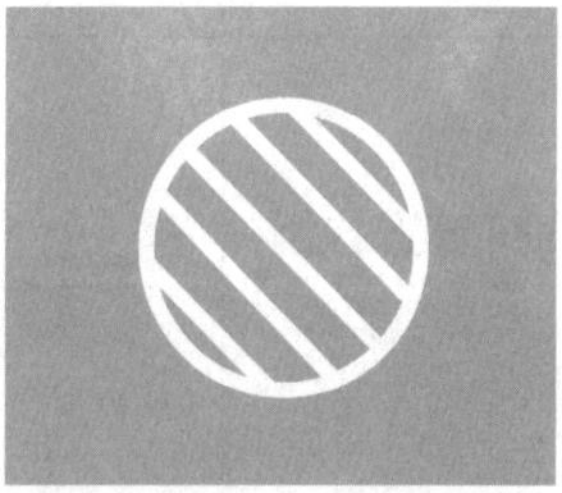
白色菱形	中心圈	用以区分车辆大、小转弯或作为交叉口车辆左右转弯的指示，车辆不得压线行驶	
黄色网状	网状线	用以标示禁止以任何原因停车的区域	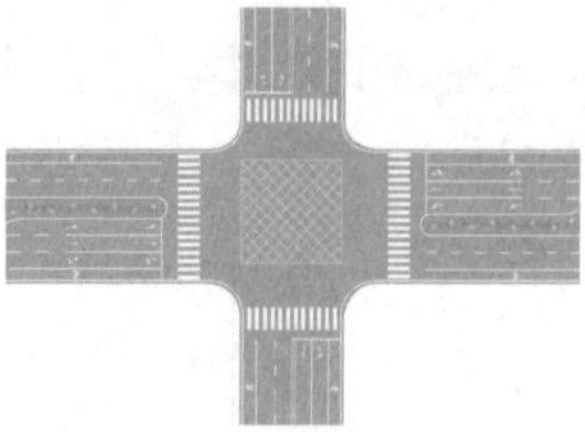

续表

标线特征	含义	作用	图形
由黄色虚线及白色文字组成	公交专用车道	表示除公交车外，其他车辆和行人不得进入该车道	
由白色虚线及白色文字组成	多乘员车辆专用车道	表示该车行道为有多个乘车人的多乘员车辆专用的车道，未载乘客或乘员数未达规定的车辆不得入内行驶	
由黄色导向箭头和黄色叉形标记组成	禁止掉头	用于禁止车辆掉头的路口或区间	
由黄色导向箭头和黄色叉形标记组成	禁止转弯	用于禁止车辆转弯的路口或区间	

● 禁令标志和禁止标线的作用是什么？

禁令标志和禁止标线的作用，就是禁止或限制车辆、行人的交通行为。

● 什么是"3分钟临时停车线"？

3分钟临时停车线，就是黄黑间隔的虚线，中间写着3分钟。在此区域内临时停车，不得超过3分钟，超过3分钟的将自动抓拍，处以警告或者20元以上200元以下罚款、驾驶证记1分。这些标线大部分设置在银行、学校或者超市旁边，因为去这种地方办事一般时间不会太长，所以这种标线意义重大。驾驶机动车一定要按照虚线的位置进出临时停靠点，如果随意碾压实线进入临时停靠点，一样要处以警告或者20元以上200元以下罚款、驾驶证记1分。

● 什么是"锯齿线"？

除"3分钟临时停车线"外，还有"锯齿线"，这种锯齿线的含义是引导机动车准备进入临时停靠点。需要注意的是，机动车只能沿着锯齿线外侧的虚线的位置进出车辆，不能辗压实线，否则会按照"车辆违反禁止标线"被处以警告或者20元以上200元以下罚款、驾驶证记1分的处罚。

● 违反禁令标志、禁止标线指示的处罚措施是什么？

处罚依据：《中华人民共和国道路交通安全法》第 90 条。

处罚措施：警告或者 20 元以上 200 元以下罚款。

防扣分提示

　　机动车驾驶人在驾驶过程中要随时留意相关道路交通信息，严格按照交通标志、标线行驶，进入路口要提前选择好车道，不要乱挤乱插和违法借道通行。

36 不按规定载货

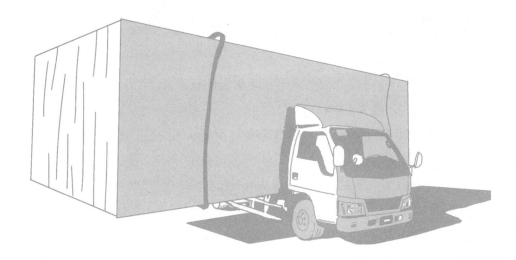

交规规定

驾驶机动车载货长度、宽度、高度超过规定的，一次记 1 分。

真实案例

货车载货超高，驾驶人被罚 200 元、记 1 分

2022年5月2日17时40分，某交警支队接到报警称，在辖区转盘附近有一辆货车上的货物散落，导致一辆小车受损。交警接警后，立即赶到现场处置。经查，17时30分，夏某驾驶轻型货车，当车辆行驶到该辖区转盘附近时，因装载货物过高且没有固定好，在车辆转弯时货物散落，导致途经此处的一辆小车左侧受损。根据规定，交警依法对夏某"驾驶机动车载货长度、宽度、高度超过规定"的违法行为，处以罚款200元、记1分的处罚。

货车超长超宽，驾驶人被罚200元、记1分

2022年5月23日上午，某交警大队交警在巡逻过程中，在辖区路段发现一辆中型货车超长、超宽、超高载货，且一侧车门没有关闭，交警立即示意该车靠边停车接受检查。经进一步检查，该车驾驶人的驾驶证和车辆手续都合法合规，但车辆载货超长、超宽、超高，存在较大的安全隐患。交警责令驾驶人立即消除该车存在的安全隐患，并依法对驾驶人处以罚款200元、记1分的处罚。

案·例·解·读

● 机动车载物的规定是什么？

机动车载物不得超过机动车行驶证上核定的载质量，装载长度、宽度不得超出车厢，并应当遵守下列规定。

❶重型、中型载货汽车，半挂车载物，高度从地面起不得超过4m，载运集装箱的车辆不得超过4.2m。

❷其他载货的机动车载物，高度从地面起不得超过2.5m。

❸摩托车载物，高度从地面起不得超过1.5m，长度不得超出车身0.2m。二轮摩托车载物宽度左右各不得超出车把0.15m；三轮摩托车载物宽度不得超过车身。

❹载客汽车除车身外部的行李架和内置的行李舱外，不得载货。载客汽车行李架载货，从车顶起高度不得超过0.5m，从地面起高度不得超过4m。

● 车顶行李架上站着放自行车为什么会被记分？

根据规定，载客汽车行李架载货，从车顶起高度不得超过0.5m，从地面起高度不得超过4m。如果把自行车站立放在车顶行李架上，那自然就超高了，应处以警告或者20元以上200元以下罚款、驾驶证记1分。

● 私家车载货敞开后备厢盖记分吗？

如果货物放在后备厢后无法将后备厢盖关闭，只能敞开后备厢盖行驶，这样容易导致电子眼在私家车出现闯红灯、违法变道时无法抓拍到车牌号，同时由于上翘的后备厢盖很容易遮挡视线，倒车时因看不到后方，容易出现交通事故。一般情况下，机动车在行驶过程中没有关闭后备厢盖，只罚款，不记分。

● 私家车怎么拉货才算不违法？

一般私家车都会有后备厢，那么在后备厢装载货物，这是允许的。此外，不少私家车的车顶行李架也可以拉载物品，但是从车顶起高度不得超过 0.5m，从地面起高度不得超过 4m，并且不允许超过车身的长度和宽度。如果是自驾游或者购物，后备厢放不下了，也可以放在后排座椅下，但不允许将大量物品摆放在座椅上。

● 客货混装的危害是什么？

货车在设计上，货物和驾驶室有隔板，但是客运车辆并没有。在制动过程中，客货混装的情况下，乘客被货物砸伤的概率很大。一旦出现紧急情况，在驾驶人紧急制动的时候，后排的货物可能就会砸伤驾驶人，或者影响驾驶人接下来的驾驶操作，往往出现不可预料的严重后果。

● 不按规定载货的处罚措施是什么？

处罚依据：《中华人民共和国道路交通安全法》第 90 条。

处罚措施：警告或者 20 元以上 200 元以下罚款。

防扣分提示

不按规定载货，不仅仅是针对货车，私家车也会面临这个问题。例如，用私家车的车顶行李架拉一个双人大床垫、后备厢装一辆自行车造成盖不上后备厢盖等，都属于机动车不按规定载货。因此，机动车驾驶人载货时应合理装载，长度、宽度和高度不要超过规定。

37 货车改型

交规规定

驾驶擅自改变已登记的结构、构造或者特征的载货汽车上道路行驶的，一次记1分。

真实案例

平板挂车擅自加装货箱，驾驶人被罚200元、记1分

2022年5月8日10时许，某执勤交警在辖区路段发现一辆牌号为川AJ××7挂的重型平板自卸半挂车有改装改型嫌疑。交警示意该车靠边停车接受检查，经现场检查，并比对车辆行驶证，发现该车在平板挂车上擅自加装了货箱，属于"驾驶擅自改变已登记的结构、构造或者特征的载货汽车上

道路行驶"的违法行为。根据规定，交警依法对该车驾驶人谢某某处以罚款 200 元、记 1 分的处罚，并责令驾驶人立即整改，恢复车辆原状，消除安全隐患。

案·例·解·读

● 什么是货车改型？

"擅自改变货车外形和已登记的有关技术数据"的违法行为，俗称为货车改型，是最常见的违法行为之一，主要是指改变了货车在注册登记时载明的结构、构造或者特征。例如，为了使货车超限超载而加高栏板、加轴等。

● 货车改型的危害是什么？

① 容易抛撒、散落货物，引发事故。货车改型由于改变了原来的容积且装载的货物又超出载重限值，在运送途中一旦紧急制动、转弯或者颠簸，就很容易出现货物抛撒、散落的现象，危及其他车辆的行车安全。

② 驾驶人视线不清或导致事故。货车加宽改装后，车身两侧的物体通过后视镜完全看不见，无法了解后方来车与自车的距离。一旦车辆要变道超车，就有可能对后方来车造成影响。

③ 车辆和驾驶人均存在事故隐患。货车改型后超载，必然会增大制动距离，同时由于制动轮毂工作负荷大，容易损坏，使用寿命短。此外，还有个别轻型货车改型后尺寸超过重型货车，而驾驶人仅有小车培训经历，没有经过大型车辆相关的系统培训就匆匆上路，这也是事故多发的原因。

● 货车的哪些改装合法，并且不需要办理变更登记？

有下列情形之一，在不影响安全和识别号牌的情况下，货车所有人不需要办理变更登记。

① 增加车内装饰。

② 加装防风罩、水箱、工具箱、备胎架等。

需要注意的是，加装的部件不得超出货车宽度。

● 货车改型的处罚措施是什么？

处罚依据：《中华人民共和国道路交通安全法》第 16 条第 1 项，第 90 条。

处罚措施：警告或者 20 元以上 200 元以下罚款。

防扣分提示

作为雇主，不要为了攫取更大利润而非法货车改型，更不能强迫货车驾驶人"多拉快跑"；作为货车驾驶人，不要为了眼前利益而驾驶非法改型货车运输，将自己和他人的生命置于危险之中。

38 不按规定系安全带

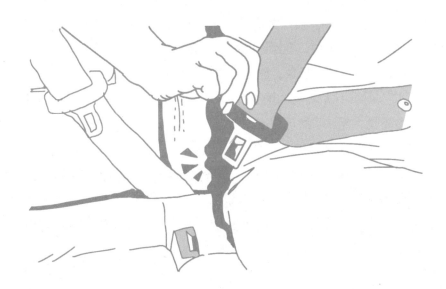

交规规定

驾驶机动车在道路上行驶时，机动车驾驶人未按规定系安全带的，一次记1分。

真实案例

开车不系安全带，驾驶人被罚200元、记1分

2022年4月18日10时左右，驾驶人欧某在某交通中队辖区路段驾车时未系安全带，于是该中队交警通知他到队部接受教育和处罚。欧某解释说，这天

他刚好在附近办完事出来比较匆忙，所以就忘记系安全带了。根据规定，交警依法对欧某处以罚款 200 元、记 1 分的处罚。

● 使用自制"安全带"，驾驶人被罚 200 元、记 1 分 ●

2022 年 5 月 4 日，某高速公路交警在服务区例行检查时，发现一辆普通货车的驾驶人所系的安全带有些异样。交警仔细查看，原来驾驶人唐某身上的安全带竟然是"纯手工"自制的。唐某解释说，车上原装的安全带太紧太难受，于是他就"量身定制"了一条"安全带"。根据规定，交警依法对驾驶人唐某未按规定使用安全带的违法行为处以罚款 200 元、记 1 分的处罚。

案·例·解·读

● 未按规定系安全带的情形有哪些？

❶ 仅将肩背位置从脖子上套好，但腰部却未系安全带的。

❷ 肩背位置的安全带放置于手臂以下位置的。

❸ 将安全带仅挂在一侧胳膊上，不将卡扣卡好的。

❹ 系两点式安全带，将安全带挂在肩背上的。

以上这样系安全带的，如果被电子警察抓拍，将处以警告或者 20 元以上 200 元以下罚款、驾驶证记 1 分的处罚。

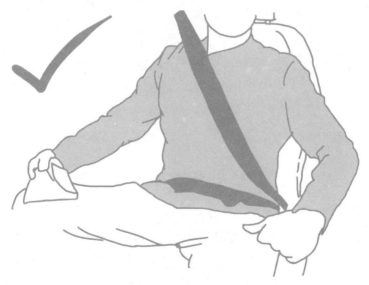

置于肩部和髋部

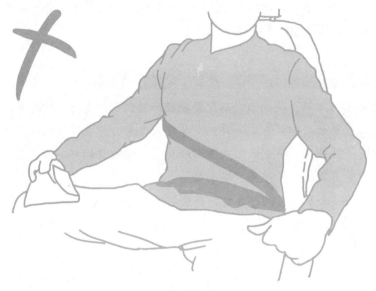

不能系在腋下

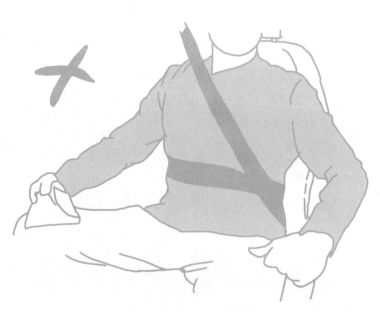

横向安全带不能系在腹部

● 使用"安全带服装"会处罚吗？

所谓安全带服装，就是在衣服上斜着印一道黑色的条纹，如果驾驶人穿上这样的衣服坐在车里，从远处看貌似系上了安全带。有的商家在宣传促销时，卖点就是应对新交规，让驾驶人既能不系安全带，同时又能防止被交警查处。

其实，交警对这种"马甲"还是很容易就能够看出来的。就算没有被查处，这种自欺欺人的做法最终还是会害了自己。

●乘车人不系安全带会处罚吗？

当然会处罚，只是不扣分。《中华人民共和国道路交通安全法》第51条规定"机动车行驶时，乘坐人员应当按规定使用安全带"，第89条规定"乘车人违反道路交通安全法律、法规关于道路通行规定的，处警告或者5元以上50元以下罚款"。

● 未按规定系安全带的处罚措施是什么？

处罚依据：《中华人民共和国道路交通安全法》第90条。

处罚措施：警告或者20元以上200元以下罚款。

防扣分提示

安全带是系在驾乘人员胸前或腰部，用于防止身体前冲的安全用品。当汽车遇到意外情况紧急制动时，它可以将驾乘人员束缚在座椅上以免前冲，从而保护驾乘人员避免二次冲撞造成的伤害。

❶ 使用安全带时，应首先检查安全带是否失效，缓慢地用手将安全带向下拉时应能顺利地从卷绕器中拉出，猛拉安全带时应拉不动。否则，说明安全带失效。

❷ 安全带应在座椅调整合适之后再系，程序反了操作起来不太方便。

❸ 在系安全带时，带面应与身体部位贴紧，要求带面平坦，没有扭曲扣节。

❹ 在解开安全带时，一定要缓慢放回，不要打开锁止机关让其自己弹回，以免金属舌片在弹回时打伤到人的面部或者打碎车窗玻璃。

❺ 未系安全带时，仪表盘上的安全带指示灯会点亮，应注意观察。

第六章

驾驶证记分
与审验

39 驾驶证记分规则

交规规定

公安机关交通管理部门对机动车驾驶人的交通违法行为，除依法给予行政处罚外，实行累积记分制度。

❶ 记分周期为 12 个月，满分为 12 分。

❷ 记分周期自驾驶人初次领取驾驶证之日起连续计算，或者自初次取得临时机动车驾驶许可之日起累积计算。

❸ 根据交通违法行为的严重程度，一次记分的分值为 12 分、9 分、6 分、3 分、1 分。

❹ 驾驶人一次有两起以上交通违法行为应当予以记分的，记分分值累积计算。

❺ 对驾驶人做出处罚前，应当在告知拟做出的行政处罚决定的同时，告知该交通违法行为的记分分值，并在处罚决定书上载明。

道路交通安全违法行为记分分值

记分分值	一次记12分
记分项目	（1）饮酒后驾驶机动车的 （2）造成致人轻伤以上或者死亡的交通事故后逃逸，尚不构成犯罪的 （3）使用伪造、变造的机动车号牌、行驶证、驾驶证、校车标牌或者使用其他机动车号牌、行驶证的 （4）驾驶校车、公路客运汽车、旅游客运汽车载人超过核定人数20%以上，或者驾驶其他载客汽车载人超过核定人数100%以上的 （5）驾驶校车、中型以上载客载货汽车、危险物品运输车辆在高速公路、城市快速路上行驶超过规定时速20%以上，或者驾驶其他机动车在高速公路、城市快速路上行驶超过规定时速50%以上的 （6）驾驶机动车在高速公路、城市快速路上倒车、逆行、穿越中央分隔带掉头的 （7）代替实际机动车驾驶人接受交通违法行为处罚和记分牟取经济利益的
记分分值	一次记9分
记分项目	（1）驾驶7座以上载客汽车载人超过核定人数50%以上未达到100%的 （2）驾驶校车、中型以上载客载货汽车、危险物品运输车辆在高速公路、城市快速路以外的道路上行驶超过规定时速50%以上的 （3）驾驶机动车在高速公路或者城市快速路上违法停车的 （4）驾驶未悬挂机动车号牌或者故意遮挡、污损机动车号牌的机动车上道路行驶的 （5）驾驶与准驾车型不符的机动车的 （6）未取得校车驾驶资格驾驶校车的 （7）连续驾驶中型以上载客汽车、危险物品运输车辆超过4h未停车休息或者停车休息时间少于20min的

记分分值	一次记 6 分
记分项目	（1）驾驶校车、公路客运汽车、旅游客运汽车载人超过核定人数未达到 20%，或者驾驶 7 座以上载客汽车载人超过核定人数 20% 以上未达到 50%，或者驾驶其他载客汽车载人超过核定人数 50% 以上未达到 100% 的 （2）驾驶校车、中型以上载客载货汽车、危险物品运输车辆在高速公路、城市快速路上行驶超过规定时速未达到 20%，或者在高速公路、城市快速路以外的道路上行驶超过规定时速 20% 以上未达到 50% 的 （3）驾驶校车、中型以上载客载货汽车、危险物品运输车辆以外的机动车在高速公路、城市快速路上行驶超过规定时速 20% 以上未达到 50%，或者在高速公路、城市快速路以外的道路上行驶超过规定时速 50% 以上的 （4）驾驶载货汽车载物超过最大允许总质量 50% 以上的 （5）驾驶机动车载运爆炸物品、易燃易爆化学物品以及剧毒、放射性等危险物品，未按指定的时间、路线、速度行驶或者未悬挂警示标志并采取必要的安全措施的 （6）驾驶机动车运载超限的不可解体的物品，未按指定的时间、路线、速度行驶或者未悬挂警示标志的 （7）驾驶机动车运输危险化学品，未经批准进入危险化学品运输车辆限制通行的区域的 （8）驾驶机动车不按交通信号灯指示通行的 （9）机动车驾驶证被暂扣或者扣留期间驾驶机动车的 （10）造成致人轻微伤或者财产损失的交通事故后逃逸，尚不构成犯罪的 （11）驾驶机动车在高速公路或者城市快速路上违法占用应急车道行驶的

续表

记分分值	一次记 3 分
记分项目	（1）驾驶校车、公路客运汽车、旅游客运汽车、7 座以上载客汽车以外的其他载客汽车载人超过核定人数 20% 以上未达到 50% 的 （2）驾驶校车、中型以上载客载货汽车、危险物品运输车辆以外的机动车在高速公路、城市快速路以外的道路上行驶超过规定时速 20% 以上未达到 50% 的 （3）驾驶机动车在高速公路或者城市快速路上不按规定车道行驶的 （4）驾驶机动车不按规定超车、让行，或者在高速公路、城市快速路以外的道路上逆行的 （5）驾驶机动车遇前方机动车停车排队或者缓慢行驶时，借道超车或者占用对面车道、穿插等候车辆的 （6）驾驶机动车有拨打、接听手持电话等妨碍安全驾驶的行为的 （7）驾驶机动车行经人行横道不按规定减速、停车、避让行人的 （8）驾驶机动车不按规定避让校车的 （9）驾驶载货汽车载物超过最大允许总质量 30% 以上未达到 50% 的，或者违反规定载客的 （10）驾驶不按规定安装机动车号牌的机动车上道路行驶的 （11）在道路上车辆发生故障、事故停车后，不按规定使用灯光或者设置警告标志的 （12）驾驶未按规定定期进行安全技术检验的公路客运汽车、旅游客运汽车、危险物品运输车辆上道路行驶的 （13）驾驶校车上道路行驶前，未对校车车况是否符合安全技术要求进行检查，或者驾驶存在安全隐患的校车上道路行驶的 （14）连续驾驶载货汽车超过 4h 未停车休息或者停车休息时间少于 20min 的 （15）驾驶机动车在高速公路上行驶低于规定最低时速的

续表

记分分值	一次记1分
记分项目	（1）驾驶校车、中型以上载客载货汽车、危险物品运输车辆在高速公路、城市快速路以外的道路上行驶超过规定时速10%以上未达到20%的 （2）驾驶机动车不按规定会车，或者在高速公路、城市快速路以外的道路上不按规定倒车、掉头的 （3）驾驶机动车不按规定使用灯光的 （4）驾驶机动车违反禁令标志、禁止标线指示的 （5）驾驶机动车载货长度、宽度、高度超过规定的 （6）驾驶载货汽车载物超过最大允许总质量未达到30%的 （7）驾驶未按规定定期进行安全技术检验的公路客运汽车、旅游客运汽车、危险物品运输车辆以外的机动车上道路行驶的 （8）驾驶擅自改变已登记的结构、构造或者特征的载货汽车上道路行驶的 （9）驾驶机动车在道路上行驶时，机动车驾驶人未按规定系安全带的 （10）驾驶摩托车，不戴安全头盔的

真实案例

● 大货车改装车尾超长拉货，驾驶人被罚600元、记2分 ●

2022年4月14日，某高速交警在辖区服务区执勤时，看见一辆严重超长的红色重型半挂牵引车进入服务区内，该车尾部明显"下坠"。交警在检查时发现，这辆豫C籍货车驾驶人李某为多拉多赚，将货车尾部加长了4m多，而车辆实际总长超过车辆核定长度约5m，货物部分悬在空中。根据规定，交警依法对驾驶人李某"驾驶机动车载货长度、宽度、高度超过规定"的违法行为记1分，对"驾驶擅自改变已登记的结构、构造或者特征的载货汽车上道路行驶"的违法行为记1分，合并处以罚款600元、记2分，并责令将车辆恢复原状，将超载的货物进行转运。

> **"违章王"各种交通违法 297 起，累积罚款 38950 元、记 990 分**

2022 年 4 月 13 日 16 时许，某交警支队接到指挥中心通报，一辆悬挂牌号为桂 ED103×× 的白色小车，有多起交通违法未处理，即将经过辖区路口。接到通报后，支队迅速组织警力成功将该车拦截。经交警核查，该车从 2019 年 4 月 2 日起至 2022 年 4 月 4 日期间，竟然有 297 起交通违法行为，其中大部分为超速、闯红灯、逆向行驶、不按车道行驶等交通违法行为。该车驾驶人易某系北海市合浦县人，31 岁，有 4 年驾龄。易某解释说，他在 3 年前花了 4 万多元买了这辆二手车，在县城行驶较多。买车后不久，易某就更换了手机号码且未到车管所及时备案登记。收不到违法告知信息，易某就以为自己闯红灯、逆行、超速等违法行为没有被记录，便越来越大胆。根据规定，交警依法对驾驶人易某处以罚款 38950 元、记 990 分，同时因该车逾期未年检、未按规定投保机动车交通事故责任强制保险，交警依法暂扣车辆并做进一步处理。

案·例·解·读

● **什么是记分周期？**

驾驶证的记分周期为一年，这一年不是从 1 月 1 日开始，到 12 月 31 日结束，而是初次领取驾驶证的日期加上 12 个月。例如：初次领取驾驶证的日期为 2022 年 2 月 2 日，那么到 2023 年 2 月 1 日为止，这就属于一个记分周期。

● **清分规则是什么？**

驾驶人在一个记分周期内记分未达到 12 分，所处罚款已经缴纳的，记分予以清除；累积记分虽未达到 12 分，但有罚款逾期未缴纳的，该记分周期内尚未缴纳罚款的交通违法行为记分分值转入下一记分周期。

防扣分提示

驾驶证的分数每年都有，只要驾驶人没有交通违法就没有变化，如果驾驶人被记满 12 分就要参加满分学习教育并参加考试。请各位驾驶人一定要注意自己的驾驶证记分周期，及时处理交通违法并缴纳罚款，不要因为忘记日期而影响到驾驶证的使用。

40 驾驶证满分处理

交规规定

机动车驾驶人在一个记分周期内累积记分满 12 分的，扣留驾驶证，开具强制措施凭证，并送达满分教育通知书，通知驾驶人参加为期 7 天的道路交通安全法律、法规和相关知识学习。其中，大型客车、重型牵引挂车、城市公交车、中型客车、大型货车驾驶人应当参加为期 30 天的道路交通安全法律、法规和相关知识学习。

真实案例

后备厢载人还违法停车，驾驶人被罚 400 元、记 12 分

2022 年 5 月 5 日，某高速交通大队值班交警在依托视频监控系统开展网上巡逻的过程中，发现一辆黑色汽车在济宁收费站内广场下道口停车，副驾驶座乘客下车打开后备厢，里面爬出一个人，然后两人径直越过护栏下高速离去。在经过短暂停留后，车上又下来两人，并排跨越护栏离去。值班交警第一时间录像拍照固定现场违法证据，并立刻通知路面巡逻交警赶赴现场处置。到达现场后，驾驶人心存侥幸，开始和交警套近乎。交警对其进行严厉的批评和普法教育，告知其多项违法行为的危险性，并依法做出处罚：对其他载客汽车载人超过核定人数 20% 不足 50% 的违法行为罚款 200 元、记 3 分，

对在高速公路行车道上违法停车罚款 200 元、记 9 分，合并罚款 400 元、记 12 分。

超速被罚 200 元记 6 分，驾驶证被扣留

2022 年 4 月 10 日，某高速公路交警支队收到系统预警，一辆小车在泉南高速上超速行驶，车速达到 152km/h。交警立即在收费站布控，将其拦截。当交警告知驾驶人苏某的车速达到 152km/h 时，她惊讶地说："我都不知道有这么快，平时也就 140，今天有 150 多了，应该搞到 160 的限速。"根据规定，交警依法对苏某因在高速公路上超速达到 20% 以上未达到 50% 的交通违法行为处以罚款 200 元、记 6 分。由于苏某的驾驶证已经被记 8 分，加上这次记 6 分，在本记分周期内累积记分已超过 12 分，交警当场扣留其驾驶证，需苏某参加满分学习并考试合格后才会发还。

在高速路上逆行被罚 200 元记 12 分，驾驶证被扣留

2022 年 4 月 17 日 14 时许，某高速交警支队交警巡逻到运风高速永济段时，发现前方不远处的车道上逆向停着一辆黑色轿车。交警迅速将该车引导至应急车道，随后将驾驶人赵某和车辆引导到收费站。经询问得知，赵某开车从运城前往永济办事，由于对路况不熟，错过永济收费站后就逆行到永济收费站内广场，到收费站后发现走错路了，便掉头将车开往永济至运城方向的匝道。驶入主线后，赵某发现路线不对，又在高速路上掉头，逆行驶往风陵渡方向。一路上，赵某发现所有车辆和自己都不在同一方向，内心越发紧张，索性就把车逆向靠右停在了超车道上。交警对赵某进行了严肃的批评教育，并依法对其处以罚款 200 元、记 12 分的处罚，同时扣留了赵某驾驶证。

案·例·解·读

● 驾驶证记满 12 分怎么办？

驾驶证在一个记分周期内累积记分满 12 分的，驾驶人应当参加为期 7 天的道路交通安全法律、法规和相关知识学习。其中，大型客车、重型牵引挂车、城市公交车、中型客车、大型货车驾驶人应当参加为期 30 天的道路交通安全法律、法规和相关知识学习。学习结束后，可以预约参加道路交通安全法律、法规和相关知识考试。考试不合格的，10 日后预约重新考试。

● 一年记满 24 分怎么办?

驾驶人在一个记分周期内两次累积记分满 12 分或者累积记分满 24 分未满 36 分的,应当在道路交通安全法律、法规和相关知识考试合格后,按照《机动车驾驶证申领和使用规定》第 44 条的规定预约参加道路驾驶技能考试。考试不合格的,10 日后预约重新考试。也就是说,一个记分周期内累积记分满 24 分,需要重考科目一和科目三的道路驾驶技能考试。

● 一年记满 36 分需要重考驾驶证吗?

驾驶人在一个记分周期内三次以上累积记分满 12 分或者累积记分满 36 分的,应当在道路交通安全法律、法规和相关知识考试合格后,按照《机动车驾驶证申领和使用规定》第 43 条和第 44 条的规定预约参加场地驾驶技能和道路驾驶技能考试。考试不合格的,10 日后预约重新考试。也就是说,等于重考一次驾驶证,这也是提醒机动车驾驶人应该珍惜分数,注意安全和文明驾驶。

● 家人和朋友可以帮忙销分吗?

违反交通法的行为应该"谁造成谁去承担""谁违法处罚谁","替人销分"是不允许的,属于违法行为。无论是亲戚、朋友、同事,任何一种关系都不允许"代销分"。

● 一次性记满 12 分可以用两个驾驶证来销分吗?

不可以。这是一次违法行为,不可能分两次,而且属于严重违法行为。根据规定,驾驶人在一个记分周期累积记分达到 12 分的,公安机关交通管理部门应当扣留其机动车驾驶证。

● 驾驶证记满 12 分,如果发生事故是否属于无证驾驶?

在司法实践中,对于这种情形存在两种观点:第一种观点认为属于无证驾驶,因为驾驶人在记分周期内记分达到 12 分的情况下,不得驾驶机动车,这时如果发生事故就属于无证驾驶;第二种观点认为不属于无证驾驶,因为这种情况下并不意味着丧失驾驶资格,驾驶人可以通过学习和考试等注销记分,只有出现公安机关交通管理部门扣留、暂扣、吊销或注销等情形时,驾驶证才停止使用。也就是说,驾驶人在记满 12 分时,如果驾驶证没有被管理部门扣留,那么驾驶人仍持有准驾证明,不符合《机动车综合商业保险条款》中"驾驶人无证驾驶"的情形。

● 记满 12 分仍驾车的处罚措施是什么？

处罚依据：《中华人民共和国道路交通安全法》第 90 条和第 99 条第 1 项。

处罚措施：警告或者 20 元以上 200 元以下罚款。如果记满 12 分并暂扣驾驶证，继续驾驶机动车将处 200 元以上 2000 元以下罚款。

防扣分提示

考取驾驶证的难度现在是越来越大了，对驾驶人的技术要求和学时要求也越来越高，拿到手的驾驶证不仅仅是时间的付出，更是金钱的付出。既然获得驾驶证这么难，那么就应该更加珍惜自己驾驶证的分数，坚守每一分。

41 驾驶证记分减免

交规规定

机动车驾驶人处理完交通违法行为记录后累积记分未满 12 分，参加公安机关交通管理部门组织的交通安全教育并达到规定要求的，可以申请在机动车驾驶人现有累积记分分值中扣减记分。在一个记分周期内，累计最高扣减 6 分。

真实案例

仙桃市 8260 名驾驶人受惠于"学法减分"

2022 年 4 月 27 日，仙桃籍驾驶人王先生开心地表达了对"学法减分"便民举措的赞赏："'学法减分'真地给我带来了很大便利。现在好了，方便多了。""学法减分"举措是仙桃市公安局交警支队根据公安部规定，借助"交管 12123"平台，于 2021 年 7 月开始推出的一项便民举措。凡持有该支队核发驾驶证的驾驶人，在处理完交通违法且未被记满 12 分的情况下，符合业务办理条件的均可通过"交管 12123"APP 申请参加"学法减分"。在学满 30min 后参加网上考试，20 题答对 18 题及以上就可以为自己的驾驶证所扣分减 1 分，在一个记分周期内最多可以减 6 分。据悉，今年以来，仙桃市驾驶人申请参加"学法减分"非常踊跃，减分成功者达 8260 人。

货车驾驶人疲劳驾驶被罚 200 元、记 3 分，现场学法就减 1 分

2022 年 4 月 19 日，某交通大队交警在巡逻时，登录的货运车辆管理平台报警：发现一辆鲁 Q 牌照的红色半挂货车存在疲劳驾驶行为。该车从河北出发，在途经沧州时就触发疲劳驾驶预警，驾驶人未停车休息，现在来到山东境内。接到报警后，交警及时将该车引导进章丘服务区，经检查，车上只有张某一位驾驶人。张某解释说，他为了赶时间才一直开车，没有及时停车休息。根据规定，交警依法对驾驶人张某疲劳驾驶的行为给予罚款 200 元、记 3 分的处罚时，却发现张某驾驶证在这个记分周期累积记分已达到 9 分。交警思考再三，让张某拿出手机下载"交管 12123"APP，通过里面的学法清分栏目，利用在服务区休息的时间通过学习消除 1 分。交警往东边继续巡逻，半小时回来后给张某开具了疲劳驾驶的罚单。

案·例·解·读

● 记分减免的途径有哪些?

❶ 网上学习：参加公安机关交通管理部门组织的道路交通安全法律、法规和相关知识网上学习，3 日内累计满 30min 且考试合格的，一次扣减 1 分。

❷ 现场学习：参加公安机关交通管理部门组织的道路交通安全法律、法规和相关知识现场学习，满 1h 且考试合格的，一次扣减 2 分。

❸ 公益活动：参加公安机关交通管理部门组织的交通安全公益活动，满

1h 为一次，一次扣减 1 分。

●不能参加 "学法减分" 的情形有哪些?

机动车驾驶人申请接受交通安全教育扣减交通违法行为记分的，公安机关交通管理部门应当受理。但有以下情形之一的，不予受理。

❶ 在本记分周期内或者上一个记分周期内，驾驶人有两次以上参加满分教育记录。

❷ 在最近三个记分周期内，驾驶人因造成交通事故后逃逸，或者饮酒后驾驶机动车，或者使用伪造、变造的机动车号牌、行驶证、驾驶证、校车标牌，或者使用其他机动车号牌、行驶证，或者买分卖分受到过处罚。

❸ 机动车驾驶证在实习期内，或者机动车驾驶证逾期未审验，或者机动车驾驶证被扣留、暂扣期间。

❹ 驾驶人名下有安全技术检验超过有效期或者未按规定办理注销登记的机动车。

❺ 在最近三个记分周期内，驾驶人参加接受交通安全教育扣减交通违法行为记分或者满分教育、审验教育时有弄虚作假、冒名顶替记录。

●在网上参加"学法减分"要注意什么?

驾驶证核发地已开通统一版互联网"学法减分"系统的驾驶人，均可在"交管 12123" APP 上申请参加，不区分驾驶证准驾类型，也不区分是否为营运车辆驾驶人。

❶ 驾驶人只有在"交管 12123"APP 上申请参加"学法减分"才有效，其他 APP 无效。

❷ 名下有机动车但没有驾驶证，是不能参加"学法减分"的，"学法减分"只针对有驾驶证的驾驶人。

❸ 驾驶人只有在当前记分周期内有记分且未记满 12 分的，才能参加"学法减分"。如果驾驶人被记满 12 分后，就不能参加"学法减分"，只能参加"满分学习"。

❹ 驾驶人不能通过"学法减分"预存分值。"学法减分"是在驾驶人现有记分中减免，如果驾驶人当前没有被记分，就不能参加"学法减分"。

❺ 参加"学法减分"没有次数限制，但驾驶人在一个记分周期减免分值达到 6 分后将不能再参加"学法减分"。

防扣分提示

机动车驾驶人在驾驶证因交通违法被记分的情况下，通过登录"交管12123"APP，进入学法减分专栏，应当在申请成功之日起3日内完成学习（观看视频或学习资料30min），学习完成后应当在7个工作日内完成考试。考试合格后，一次减免1分，每个记分周期内最多可减免6分。

42 驾驶证审验

交规规定

机动车驾驶人应当按照法律、行政法规的规定，定期到公安机关交通管理部门接受审验。机动车驾驶证审验内容包括：道路交通安全违法行为、交通事故处理情况；身体条件情况；道路交通安全违法行为记分及记满12分后参加学习和考试情况。机动车驾驶人可以在机动车驾驶证核发地或者核发地以外的地方参加审验、提交身体条件证明。

❶ 机动车驾驶人换领机动车驾驶证时，应当接受公安机关交通管理部门的审验。

❷ 持有大型客车、重型牵引挂车、城市公交车、中型客车、大型货车驾驶证的驾驶人，应当在每个记分周期结束后30日内到公安机关交通管理部门接受审验。但在一个记分周期内没有记分记录的，免于本记分周期审验。参加审验时，应当申报身体条件情况。

❸ 持有上一条规定以外准驾车型驾驶证的驾驶人，发生交通事故造成人员死亡承担同等以上责任未被吊销机动车驾驶证的，应当在本记分周期结束后30日内到公安机关交通管理部门接受审验。参加审验时，应当申报身体条件情况。

❹ 持有大型客车、重型牵引挂车、城市公交车、中型客车、大型货车驾驶证一个记分周期内有记分的，以及持有其他准驾车型驾驶证发生交通事故造成人员死亡承担同等以上责任未被吊销机动车驾驶证的驾驶人，审验时应当参加不少于3h的道路交通安全法律法规、交通安全文明驾驶、应急处置等知识学习，并接受交通事故案例警示教育。

❺ 对道路交通安全违法行为或者交通事故未处理完毕的、身体条件不符合驾驶许可条件的、未按照规定参加学习、教育和考试的，不予通过审验。

❻ 年龄在70周岁以上的机动车驾驶人，应当每年进行一次身体检查，在记分周期结束后30日内提交医疗机构出具的有关身体条件的证明；年龄在70周岁以上的机动车驾驶人，发生责任交通事故造成人员重伤或者死亡的，应当在本记分周期结束后30日内到公安机关交通管理部门接受审验；年龄在70周岁以上的机动车驾驶人审验时，还应当按照规定进行记忆力、判断力、反应力等能力测试。

❼ 持有残疾人专用小型自动挡载客汽车驾驶证的机动车驾驶人，应当每3年进行一次身体检查，在记分周期结束后30日内，提交医疗机构出具的有关身体条件的证明。

❽ 机动车驾驶人因服兵役、出国（境）等原因，无法在规定时间内办理驾驶证期满换证、审验、提交身体条件证明的，可以在驾驶证有效期内或者有效期届满1年内向机动车驾驶证核发地车辆管理所申请延期办理。申请时应当确

认申请信息，并提交机动车驾驶人的身份证明。延期期限最长不超过 3 年，延期期间机动车驾驶人不得驾驶机动车。

真实案例

驾驶证逾期一年半，"马大哈"驾驶人因无证驾驶被处罚

2022 年 4 月 21 日 18 时 30 分，某交警支队交警在沙厦高速莲花北收费站出口开展违法车辆检查工作时，发现一辆小型货车的驾驶人未按规定使用安全带，交警便示意该驾驶人靠边停车并出示驾驶证接受检查。经现场核查，驾驶人郑某的驾驶证逾期未换证已有一年半！郑某解释说，由于自己"马大哈"，忽视了驾驶证的有效期，从而造成自己从逾期未换证变成无证驾驶。根据规定，交警依法对郑某的车辆扣留，并处以 1500 元的罚款。

驾驶证被吊销后开大吊车，被罚 1500 元拘留 15 天

2022 年 5 月 16 日 13 时 16 分，某交警中队交警在辖区大中路 8km 附近，发现一辆牌号为宁 C922××的重型非承载专项作业车且形迹可疑，于是拦停检查。交警要求驾驶人王某某出示驾驶证时，王某某神色慌张，谎称忘带了。随后，交警通过交警信息系统查询，驾驶人王某某的驾驶证已被注销。根据规定，交警依法对驾驶人王某某驾驶证注销期间驾驶机动车的违法行为，处以罚款 1500 元、行政拘留 15 日的处罚。

案·例·解·读

● 驾驶证扣多少分就需要审验？

❶A、B 类驾驶证审验的前提是扣过分，哪怕是扣了 1 分都必须要审验。同理，不扣分的情况是不需要审验的。

❷C 类驾驶证是大部分人使用的主流驾驶证，大多应用在私家车上，这类驾驶证只有在扣满 12 分的情况下才需要审验。

● 驾驶证逾期未审的三种状态是什么？

驾驶证根据逾期的时间长短，会有"逾期未换证""注销可恢复"和"注销"三种状态。

驾驶证时间		驾驶证状态
领证		正常
驾驶证到期	逾期未换证	驾驶证为"逾期未换证"状态，驾驶人只需在超过有效期1年内换领新证即可延续驾驶证有效期
驾驶证逾期1年	注销可恢复	驾驶证超过有效期满1年为"注销可恢复"状态。被注销驾驶证不超过2年时间的，驾驶人通过科目一考试后，可以恢复驾驶证正常使用，延续有效期
驾驶证逾期3年	注销	驾驶证超过有效期3年为"注销"状态，驾驶证不能恢复使用，驾驶人需要按常规报考流程重新考取驾驶证

●通过"交管12123"APP进行网上审验教育的流程是什么？

网上学习，适合在一个记分周期被记1～8分的大中型客货车驾驶人，网上教育时限为3h（请注意观看相关细则，3日内完成3h的学习及测试），系统会自动将驾驶人网上学习数据传回发证机关审核。

学习流程如下。

❶打开"交管12123"APP。

❷输入账号和密码登录，"交管12123"账号一般在考取驾驶证的时候都会注册，忘记密码的可以通过手机号码找回。

❸进入主页后，点击"更多"。

❹下拉到页面底部，找到"学习教育业务"栏目，点击"审验教育申请"。

❺阅读"业务须知"，点击"阅读并同意"。

❻阅读"机动车驾驶人身体情况申报"，勾选下方"上述内容本人已认真阅读，本人不具有所列的不准申请的情形"的方框，并点击"下一步"。

❼确认网络教育申请信息，点击"提交申请"。

❽申请成功后，点击下方"开始学习"。

⑨学习内容有"课件学习"和"审验测试"两种模式，"课件学习"为观看视频，"审验测试"为答题。在规定时间内，学习时间不得少于 3h，否则之前的学习时间将会作废。

⑩选择"课件学习"的驾驶人，可以根据顺序观看里面的视频；点击视频后，按播放即可开始计算学习时长。

⑪学习结束后，可以在主页下方的"网办进度"查看审验教育业务受理情况。

●网上学习要注意什么？

❶采集人像信息：在学习的过程中，会不定时采集驾驶人的人像信息，确保驾驶人在学习，所以不要抱有侥幸心理，在学习的过程中去干别的事情。

❷保证光线充足：学习环境要明亮，以免影响人像信息的采集。

❸学习地点合适：要选择合适的地方进行学习，不能在车上参加学习；在学习的过程中，举止要文明，不能躺、卧、趴等。

●如何通过"交管 12123"APP 预约现场教育？

现场教育，适合在一个记分周期被记 9 ~ 11 分的大中型客货车驾驶人；适合持有校车资格驾驶证人员（仅限核发机关校车证）；适合持有其他准驾车型驾驶证发生交通事故造成人员死亡承担同等以上责任未被吊销驾驶证的驾驶人。

通过"交管 12123"APP 预约步骤如下。

❶登录"交管 12123"APP。

❷进入主页后，点击"更多"。

❸下拉到"学习教育业务"栏目，点击"审验教育"申请。

❹选择"现场教育"。

❺阅读"业务须知"，点击"阅读并同意"；阅读"机动车驾驶人身体情况申报"，勾选下方"上述内容本人已认真阅读，本人不具有所列的不准申请的情形"的方框，点击"下一步"。

❻选择现场教育的城市。

❼完成上述信息后，开始选择现场教育的日期、场次、教育地点，选择完提交申请。

❽申请成功后，在规定时间内带身份证到相应的地点参加学习即可。

● 驾驶证超过有效期仍驾车的处罚措施是什么？

处罚依据：《中华人民共和国道路交通安全法》第 99 条第 1 项。

处罚措施：罚款 200 元以上 2000 元以下。

防扣分提示

机动车驾驶证上清晰标注有效期限，驾驶人可提前 90 天进行期满换证，请广大驾驶人关注自己的驾驶证状态。驾驶证逾期 1 年以内，直接换证即可；驾驶证逾期 1 ~ 3 年以内，交管部门注销驾驶证，需要通过科目一考试后才能正常使用；如果逾期超过 3 年，则需要重考驾驶证。

附 录

公安部令第 163 号（《道路交通安全违法行为记分管理办法》）

第一章 总 则

第一条 为充分发挥记分制度的管理、教育、引导功能，提升机动车驾驶人交通安全意识，减少道路交通安全违法行为（以下简称交通违法行为），预防和减少道路交通事故，根据《中华人民共和国道路交通安全法》及其实施条例，制定本办法。

第二条 公安机关交通管理部门对机动车驾驶人的交通违法行为，除依法给予行政处罚外，实行累积记分制度。

第三条 记分周期为十二个月，满分为 12 分。记分周期自机动车驾驶人初次领取机动车驾驶证之日起连续计算，或者自初次取得临时机动车驾驶许可之日起累积计算。

第四条 记分达到满分的，机动车驾驶人应当按照本办法规定参加满分学习、考试。

第五条 在记分达到满分前，符合条件的机动车驾驶人可以按照本办法规定减免部分记分。

第六条 公安机关交通管理部门应当通过互联网、公安机关交通管理部门业务窗口提供交通违法行为记录及记分查询。

第二章 记分分值

第七条 根据交通违法行为的严重程度，一次记分的分值为 12 分、9 分、6 分、3 分、1 分。

第八条 机动车驾驶人有下列交通违法行为之一，一次记 12 分：

（一）饮酒后驾驶机动车的；

（二）造成致人轻伤以上或者死亡的交通事故后逃逸，尚不构成犯罪的；

（三）使用伪造、变造的机动车号牌、行驶证、驾驶证、校车标牌或者使用其他机动车号牌、行驶证的；

（四）驾驶校车、公路客运汽车、旅游客运汽车载人超过核定人数百分之二十以上，或者驾驶其他载客汽车载人超过核定人数百分之百以上的；

（五）驾驶校车、中型以上载客载货汽车、危险物品运输车辆在高速公路、城市快速路上行驶超过规定时速百分之二十以上，或者驾驶其他机动车在高速公路、城市快速路上行驶超过规定时速百分之五十以上的；

（六）驾驶机动车在高速公路、城市快速路上倒车、逆行、穿越中央分隔带掉头的；

（七）代替实际机动车驾驶人接受交通违法行为处罚和记分牟取经济利益的。

第九条　机动车驾驶人有下列交通违法行为之一，一次记 9 分：

（一）驾驶 7 座以上载客汽车载人超过核定人数百分之五十以上未达到百分之百的；

（二）驾驶校车、中型以上载客载货汽车、危险物品运输车辆在高速公路、城市快速路以外的道路上行驶超过规定时速百分之五十以上的；

（三）驾驶机动车在高速公路或者城市快速路上违法停车的；

（四）驾驶未悬挂机动车号牌或者故意遮挡、污损机动车号牌的机动车上道路行驶的；

（五）驾驶与准驾车型不符的机动车的；

（六）未取得校车驾驶资格驾驶校车的；

（七）连续驾驶中型以上载客汽车、危险物品运输车辆超过 4 小时未停车休息或者停车休息时间少于 20 分钟的。

第十条　机动车驾驶人有下列交通违法行为之一，一次记 6 分：

（一）驾驶校车、公路客运汽车、旅游客运汽车载人超过核定人数未达到百分之二十，或者驾驶 7 座以上载客汽车载人超过核定人数百分之二十以上未达到百分之五十，或者驾驶其他载客汽车载人超过核定人数百分之五十以上未达到百分之百的；

（二）驾驶校车、中型以上载客载货汽车、危险物品运输车辆在高速公路、城市快速路上行驶超过规定时速未达到百分之二十，或者在高速公路、城市快速路以外的道路上行驶超过规定时速百分之二十以上未达到百分之五十的；

（三）驾驶校车、中型以上载客载货汽车、危险物品运输车辆以外的机动车在高速公路、城市快速路上行驶超过规定时速百分之二十以上未达到百分之五十，或者在高速公路、城市快速路以外的道路上行驶超过规定时速百分之五十以上的；

（四）驾驶载货汽车载物超过最大允许总质量百分之五十以上的；

（五）驾驶机动车载运爆炸物品、易燃易爆化学物品以及剧毒、放射性等危险物品，未按指定的时间、路线、速度行驶或者未悬挂警示标志并采取必要的安全措施的；

（六）驾驶机动车运载超限的不可解体的物品，未按指定的时间、路线、速度行驶或者未悬挂警示标志的；

（七）驾驶机动车运输危险化学品，未经批准进入危险化学品运输车辆限制通行的区域的；

（八）驾驶机动车不按交通信号灯指示通行的；

（九）机动车驾驶证被暂扣或者扣留期间驾驶机动车的；

（十）造成致人轻微伤或者财产损失的交通事故后逃逸，尚不构成犯罪的；

（十一）驾驶机动车在高速公路或者城市快速路上违法占用应急车道行驶的。

第十一条　机动车驾驶人有下列交通违法行为之一，一次记3分：

（一）驾驶校车、公路客运汽车、旅游客运汽车、7座以上载客汽车以外的其他载客汽车载人超过核定人数百分之二十以上未达到百分之五十的；

（二）驾驶校车、中型以上载客载货汽车、危险物品运输车辆以外的机动车在高速公路、城市快速路以外的道路上行驶超过规定时速百分之二十以上未达到百分之五十的；

（三）驾驶机动车在高速公路或者城市快速路上不按规定车道行驶的；

（四）驾驶机动车不按规定超车、让行，或者在高速公路、城市快速路以外的道路上逆行的；

（五）驾驶机动车遇前方机动车停车排队或者缓慢行驶时，借道超车或者占用对面车道、穿插等候车辆的；

（六）驾驶机动车有拨打、接听手持电话等妨碍安全驾驶的行为的；

（七）驾驶机动车行经人行横道不按规定减速、停车、避让行人的；

（八）驾驶机动车不按规定避让校车的；

（九）驾驶载货汽车载物超过最大允许总质量百分之三十以上未达到百分之五十的，或者违反规定载客的；

（十）驾驶不按规定安装机动车号牌的机动车上道路行驶的；

（十一）在道路上车辆发生故障、事故停车后，不按规定使用灯光或者设置警告标志的；

（十二）驾驶未按规定定期进行安全技术检验的公路客运汽车、旅游客运汽车、危险物品运输车辆上道路行驶的；

（十三）驾驶校车上道路行驶前，未对校车车况是否符合安全技术要求进行检查，或者驾驶存在安全隐患的校车上道路行驶的；

（十四）连续驾驶载货汽车超过 4 小时未停车休息或者停车休息时间少于 20 分钟的；

（十五）驾驶机动车在高速公路上行驶低于规定最低时速的。

第十二条　机动车驾驶人有下列交通违法行为之一，一次记 1 分：

（一）驾驶校车、中型以上载客载货汽车、危险物品运输车辆在高速公路、城市快速路以外的道路上行驶超过规定时速百分之十以上未达到百分之二十的；

（二）驾驶机动车不按规定会车，或者在高速公路、城市快速路以外的道路上不按规定倒车、掉头的；

（三）驾驶机动车不按规定使用灯光的；

（四）驾驶机动车违反禁令标志、禁止标线指示的；

（五）驾驶机动车载货长度、宽度、高度超过规定的；

（六）驾驶载货汽车载物超过最大允许总质量未达到百分之三十的；

（七）驾驶未按规定定期进行安全技术检验的公路客运汽车、旅游客运汽车、危险物品运输车辆以外的机动车上道路行驶的；

（八）驾驶擅自改变已登记的结构、构造或者特征的载货汽车上道路行驶的；

（九）驾驶机动车在道路上行驶时，机动车驾驶人未按规定系安全带的；

（十）驾驶摩托车，不戴安全头盔的。

第三章　记分执行

第十三条　公安机关交通管理部门对机动车驾驶人的交通违法行为，在作出行政处罚决定的同时予以记分。

对机动车驾驶人作出处罚前，应当在告知拟作出的行政处罚决定的同时，告知该交通违法行为的记分分值，并在处罚决定书上载明。

第十四条　机动车驾驶人有二起以上交通违法行为应当予以记分的，记分分值累积计算。

机动车驾驶人可以一次性处理完毕同一辆机动车的多起交通违法行为记录，记分分值累积计算。累积记分未满12分的，可以处理其驾驶的其他机动车的交通违法行为记录；累积记分满12分的，不得再处理其他机动车的交通违法行为记录。

第十五条　机动车驾驶人在一个记分周期期限届满，累积记分未满12分的，该记分周期内的记分予以清除；累积记分虽未满12分，但有罚款逾期未缴纳的，该记分周期内尚未缴纳罚款的交通违法行为记分分值转入下一记分周期。

第十六条　行政处罚决定被依法变更或者撤销的，相应记分应当变更或者撤销。

第四章　满分处理

第十七条　机动车驾驶人在一个记分周期内累积记分满12分的，公安机关交通管理部门应当扣留其机动车驾驶证，开具强制措施凭证，并送达满分教育通知书，通知机动车驾驶人参加满分学习、考试。

临时入境的机动车驾驶人在一个记分周期内累积记分满12分的，公安机关交通管理部门应当注销其临时机动车驾驶许可，并送达满分教育通知书。

第十八条　机动车驾驶人在一个记分周期内累积记分满12分的，应当参加为期七天的道路交通安全法律、法规和相关知识学习。其中，大型客车、重型牵引挂车、城市公交车、中型客车、大型货车驾驶人应当参加为期三十天的道路交通安全法律、法规和相关知识学习。

机动车驾驶人在一个记分周期内参加满分教育的次数每增加一次或者累积

记分每增加 12 分，道路交通安全法律、法规和相关知识的学习时间增加七天，每次满分学习的天数最多六十天。其中，大型客车、重型牵引挂车、城市公交车、中型客车、大型货车驾驶人在一个记分周期内参加满分教育的次数每增加一次或者累积记分每增加 12 分，道路交通安全法律、法规和相关知识的学习时间增加三十天，每次满分学习的天数最多一百二十天。

第十九条　道路交通安全法律、法规和相关知识学习包括现场学习、网络学习和自主学习。网络学习应当通过公安机关交通管理部门互联网学习教育平台进行。

机动车驾驶人参加现场学习、网络学习的天数累计不得少于五天，其中，现场学习的天数不得少于二天。大型客车、重型牵引挂车、城市公交车、中型客车、大型货车驾驶人参加现场学习、网络学习的天数累计不得少于十天，其中，现场学习的天数不得少于五天。满分学习的剩余天数通过自主学习完成。

机动车驾驶人单日连续参加现场学习超过三小时或者参加网络学习时间累计超过三小时的，按照一天计入累计学习天数。同日既参加现场学习又参加网络学习的，学习天数不累积计算。

第二十条　机动车驾驶人可以在机动车驾驶证核发地或者交通违法行为发生地、处理地参加公安机关交通管理部门组织的道路交通安全法律、法规和相关知识学习，并在学习地参加考试。

第二十一条　机动车驾驶人在一个记分周期内累积记分满 12 分，符合本办法第十八条、第十九条第一款、第二款规定的，可以预约参加道路交通安全法律、法规和相关知识考试。考试不合格的，十日后预约重新考试。

第二十二条　机动车驾驶人在一个记分周期内二次累积记分满 12 分或者累积记分满 24 分未满 36 分的，应当在道路交通安全法律、法规和相关知识考试合格后，按照《机动车驾驶证申领和使用规定》第四十四条的规定预约参加道路驾驶技能考试。考试不合格的，十日后预约重新考试。

机动车驾驶人在一个记分周期内三次以上累积记分满 12 分或者累积记分满 36 分的，应当在道路交通安全法律、法规和相关知识考试合格后，按照《机动车驾驶证申领和使用规定》第四十三条和第四十四条的规定预约参加场地驾驶技能和道路驾驶技能考试。考试不合格的，十日后预约重新考试。

第二十三条　机动车驾驶人经满分学习、考试合格且罚款已缴纳的，记分予以清除，发还机动车驾驶证。机动车驾驶人同时被处以暂扣机动车驾驶证的，在暂扣期限届满后发还机动车驾驶证。

第二十四条　满分学习、考试内容应当按照机动车驾驶证载明的准驾车型确定。

第五章　记分减免

第二十五条　机动车驾驶人处理完交通违法行为记录后累积记分未满12分，参加公安机关交通管理部门组织的交通安全教育并达到规定要求的，可以申请在机动车驾驶人现有累积记分分值中扣减记分。在一个记分周期内累计最高扣减6分。

第二十六条　机动车驾驶人申请接受交通安全教育扣减交通违法行为记分的，公安机关交通管理部门应当受理。但有以下情形之一的，不予受理：

（一）在本记分周期内或者上一个记分周期内，机动车驾驶人有二次以上参加满分教育记录的；

（二）在最近三个记分周期内，机动车驾驶人因造成交通事故后逃逸，或者饮酒后驾驶机动车，或者使用伪造、变造的机动车号牌、行驶证、驾驶证、校车标牌，或者使用其他机动车号牌、行驶证，或者买分卖分受到过处罚的；

（三）机动车驾驶证在实习期内，或者机动车驾驶证逾期未审验，或者机动车驾驶证被扣留、暂扣期间的；

（四）机动车驾驶人名下有安全技术检验超过有效期或者未按规定办理注销登记的机动车的；

（五）在最近三个记分周期内，机动车驾驶人参加接受交通安全教育扣减交通违法行为记分或者机动车驾驶人满分教育、审验教育时，有弄虚作假、冒名顶替记录的。

第二十七条　参加公安机关交通管理部门组织的道路交通安全法律、法规和相关知识网上学习三日内累计满三十分钟且考试合格的，一次扣减1分。

参加公安机关交通管理部门组织的道路交通安全法律、法规和相关知识现场学习满一小时且考试合格的，一次扣减2分。

参加公安机关交通管理部门组织的交通安全公益活动的，满一小时为一次，一次扣减1分。

第二十八条　交通违法行为情节轻微，给予警告处罚的，免予记分。

第六章　法律责任

第二十九条　机动车驾驶人在一个记分周期内累积记分满12分，机动车驾驶证未被依法扣留或者收到满分教育通知书后三十日内拒不参加公安机关交通管理部门通知的满分学习、考试的，由公安机关交通管理部门公告其机动车驾驶证停止使用。

第三十条　机动车驾驶人请他人代为接受交通违法行为处罚和记分并支付经济利益的，由公安机关交通管理部门处所支付经济利益三倍以下罚款，但最高不超过五万元；同时，依法对原交通违法行为作出处罚。

代替实际机动车驾驶人接受交通违法行为处罚和记分牟取经济利益的，由公安机关交通管理部门处违法所得三倍以下罚款，但最高不超过五万元；同时，依法撤销原行政处罚决定。

组织他人实施前两款行为之一牟取经济利益的，由公安机关交通管理部门处违法所得五倍以下罚款，但最高不超过十万元；有扰乱单位秩序等行为，构成违反治安管理行为的，依法予以治安管理处罚。

第三十一条　机动车驾驶人参加满分教育时在签注学习记录、满分学习考试中弄虚作假的，相应学习记录、考试成绩无效，由公安机关交通管理部门处一千元以下罚款。

机动车驾驶人在参加接受交通安全教育扣减交通违法行为记分中弄虚作假的，由公安机关交通管理部门撤销相应记分扣减记录，恢复相应记分，处一千元以下罚款。

代替实际机动车驾驶人参加满分教育签注学习记录、满分学习考试或者接受交通安全教育扣减交通违法行为记分的，由公安机关交通管理部门处二千元以下罚款。

组织他人实施前三款行为之一，有违法所得的，由公安机关交通管理部门处违法所得三倍以下罚款，但最高不超过二万元；没有违法所得的，由公安机关交通管理部门处二万元以下罚款。

第三十二条　公安机关交通管理部门及其交通警察开展交通违法行为记分管理工作，应当接受监察机关、公安机关督察审计部门等依法实施的监督。

公安机关交通管理部门及其交通警察开展交通违法行为记分管理工作，应当自觉接受社会和公民的监督。

第三十三条　交通警察有下列情形之一的，按照有关规定给予处分；警务辅助人员有下列情形之一的，予以解聘；构成犯罪的，依法追究刑事责任：

（一）当事人对实施处罚和记分提出异议拒不核实，或者经核实属实但不纠正、整改的；

（二）为未经满分学习考试、考试不合格人员签注学习记录、合格考试成绩的；

（三）在满分考试时，减少考试项目、降低评判标准或者参与、协助、纵容考试舞弊的；

（四）为不符合记分扣减条件的机动车驾驶人扣减记分的；

（五）串通他人代替实际机动车驾驶人接受交通违法行为处罚和记分的；

（六）弄虚作假，将记分分值高的交通违法行为变更为记分分值低或者不记分的交通违法行为的；

（七）故意泄露、篡改系统记分数据的；

（八）根据交通技术监控设备记录资料处理交通违法行为时，未严格审核当事人提供的证据材料，导致他人代替实际机动车驾驶人接受交通违法行为处罚和记分，情节严重的。

第七章　附　则

第三十四条　公安机关交通管理部门对拖拉机驾驶人予以记分的，应当定期将记分情况通报农业农村主管部门。

第三十五条　省、自治区、直辖市公安厅、局可以根据本地区的实际情况，在本办法规定的处罚幅度范围内，制定具体的执行标准。

对本办法规定的交通违法行为的处理程序按照《道路交通安全违法行为处理程序规定》执行。

第三十六条　本办法所称"三日""十日""三十日"，是指自然日。期间的最后一日为节假日的，以节假日期满后的第一个工作日为期间届满的日期。

第三十七条　本办法自2022年4月1日起施行。